Manual práctico de los mejores equipos

Manual práctico de los mejores equipos

60 estrategias eficaces para que tu equipo triunfe

Daniel Coyle

Traducción de
Ana Isabel Domínguez Palomo
y Mª del Mar Rodríguez Barrena

conecta

Título original: *The Culture Playbook*

Primera edición: junio de 2022

Impreso en México - *Printed in Mexico*

ISBN: 978-84-17992-47-7
Depósito legal: B-7.554-2022

Compuesto en M. I. Maquetación, S. L.

Para Jenny

Índice

TERCERA PARTE

Introducción

Cómo surgen los equipos con una mentalidad de grupo fuerte? ¿Cómo se establece o cómo se consigue corregir una cultura de equipo deficiente?

Casi todo el mundo cree que la cultura de un equipo viene determinada por la identidad del grupo, por quiénes son los individuos integrantes. Los equipos con una conciencia firmemente implantada, como el de Disney, Apple o el Cuerpo de Marines de Estados Unidos, son tan especiales y emblemáticos que nos parecen casi predestinados. Para quienes piensan así, la mentalidad de un grupo es una cualidad fija, profundamente arraigada en su ADN. Algunos grupos especiales cuentan con el don de una mentalidad ganadora; otros no.

Yo propongo una idea distinta:

Tu mentalidad de equipo = tus acciones

Creo que la cultura de grupo no depende de quién se es, sino de qué se hace. No es un regalo que se recibe; es una habilidad que se aprende. Y, como cualquier habilidad, se puede aplicar bien o mal.

Es probable que tengas experiencias tanto con buenas mentalidades de grupo como con malas. Con la cohesión agradable y revigorizante de un equipo fuerte. Con la gélida disfunción de un equipo débil, y con las sacudidas de la montaña rusa del punto intermedio. Sin embargo, lo que quizá no conozcas es el poder que posees para controlar, fortalecer y transformar la mentalidad de tu equipo, si tomas las medidas adecuadas.

Me he pasado los diez últimos años analizando algunos de los equipos más exitosos del planeta, entre ellos el de la selección nacional femenina de fútbol de Estados Unidos, el de Pixar, el de IDEO, el de los San Antonio Spurs, y otros. En 2018 escribí *Cuando las arañas tejen juntas pueden atar a un león*, que exploraba la ciencia en la que se sustenta la creación de una cultura de equipo ganadora y que me impulsó a adentrarme más en este mundo. He sido asesor de empresas, de equipos deportivos profesionales y del Ejército, así como de grupos de alto rendimiento en educación, tecnología y organizaciones sin ánimo de lucro. He estudiado entre bastidores qué funciona, qué no funciona y por qué.

Inicié mi periplo recopilando y analizando el conjunto de acciones que emplean los grandes equipos para crear y sustentar su conciencia de grupo. Cada vez que encontraba un método útil (una técnica para crear cohesión, un hábito conectivo, un consejo que aumentara la química), lo anotaba y lo guardaba en un archivo titulado «Cosas buenas». A medida que pasaba el tiempo, el archivo crecía y crecía. Al final creció tanto que me sentí obligado a reunir los consejos en un formato que resultara útil y que pudiera compartir. A crear un catálogo de consejos basados en la experiencia sobre cómo crear una mentalidad de equipo, un manual práctico.

Reglas para usar este libro

Regla 1: Empieza donde estás

Es tentador suponer que los equipos con mentalidad fuerte existen en un plano superior, en un mundo feliz y sin fricciones donde los problemas y los desacuerdos apenas existen, y donde todo lo que se toca se convierte en oro. Permíteme que lo diga en plata: no es cierto. Los equipos con mentalidad fuerte se enfrentan a muchos problemas, discrepan enérgicamente y fracasan con bastante frecuencia. La diferencia es que los equipos fuertes lidian con estos problemas, desacuerdos y fracasos en el marco de una interdependencia fuerte y segura y los emplean como acicate para aprender y mejorar. (Véase el consejo n.º 23: Acaba con la falacia de la feliz perfección). Así que no empieces persiguiendo una fantasía donde la tensión no existe, porque eso solo te conducirá a la frustración. Adopta un enfoque basado en las habilidades. Empieza reflexionando sobre los puntos fuertes y los puntos débiles de tu equipo. ¿Se te da bien fomentar un sentimiento de pertenencia, pero te cuesta generar un propósito? ¿Sabes compartir riesgos, pero no acabas de pillarle el truco a lo de fomentar un vínculo fuerte entre todos? Empieza por potenciar tus puntos fuertes y luego aborda tus puntos débiles.

También es importante tener en cuenta que, aunque estos consejos pretenden ser de ayuda para todo el mundo, la parcialidad y la injusticia pueden colarse en las instituciones y en los métodos de múltiples formas encubiertas, por lo que es fundamental no perder nunca de vista la diversidad, la igualdad y la inclusión al implementar cualquiera de estas medidas.

Regla 2: Crea diálogo, no mandatos

Algunos de vosotros, en particular los directivos, tal vez sintáis la tentación de utilizar estos consejos para implementar un programa de mejora de la mentalidad de vuestro equipo. Resistid la tentación. Los equipos no mejoran su cohesión por cumplir órdenes, sino creando entre los individuos un camino compartido que recorren juntos. Usa los consejos que voy a darte más adelante para generar reflexión y diálogo, y comprueba adónde os llevan. Para tal fin, he incluido unas cuantas actividades y ejercicios que te ayudarán a evaluar la cultura de tu equipo, a elaborar tu plan de acción y a seguir vuestro progreso.

Regla 3: No hay reglas

No pienses que has de seguir este libro al pie de la letra; más bien, considéralo un conjunto de acciones comprobadas que todavía pueden mejorarse. Prueba, modifica y adapta estas acciones a las necesidades específicas de tu equipo. Averigua qué es lo que funciona en vuestro caso y no te preocupes por el resto. La mentalidad de grupo es una entidad en constante cambio, en constante evolución; tu trabajo consiste en adaptarte continuamente, en actuar en consecuencia e implementar las soluciones que la mantengan robusta y saludable.

Y, sobre todo, olvida la anticuada creencia de que la mentalidad ganadora está reservada solo a ciertos grupos. La cultura de equipo no es mágica ni tampoco inmutable. La mentalidad de tu equipo se crea mediante un conjunto de relaciones dinámicas que trabajan por un objetivo compartido y se construye con las acciones que realicéis juntos, empezando desde ahora.

GENERAR SEGURIDAD

COMPARTIR VULNERABILIDADES

ESTABLECER UN PROPÓSITO

La estructura del éxito

Es posible que, como le sucede a mucha gente, partas de la idea de que la mentalidad es «la parte fácil», algo intangible, agradable y difuso. Sin embargo, nada más lejos de la realidad. La ciencia ha demostrado que una cultura de equipo fuerte se crea gracias a la interacción continua de tres comportamientos clave, comportamientos que conforman las secciones de este libro y que además nos ofrecen el punto de partida para empezar a elaborar el plan de acción de tu equipo.

Elabora tu plan de acción:

PASO UNO

Empecemos definiendo tu equipo. Escribe el nombre del grupo del que formes parte, del equipo con el que trabajes con más frecuencia, aquel cuyo éxito puedas interpretar como tuyo. Consejo: es mejor que pienses en pequeño, no en grande.

Nuestro grupo se llama

Nuestro trabajo principal es

¿Tu equipo posee una mentalidad de grupo fuerte ahora mismo? No te pregunto si te gustaría que la tuviera, sino lo fuerte que es de verdad. Colorea las barras de abajo para puntuar del 1 (mínimo) al 5 (máximo).

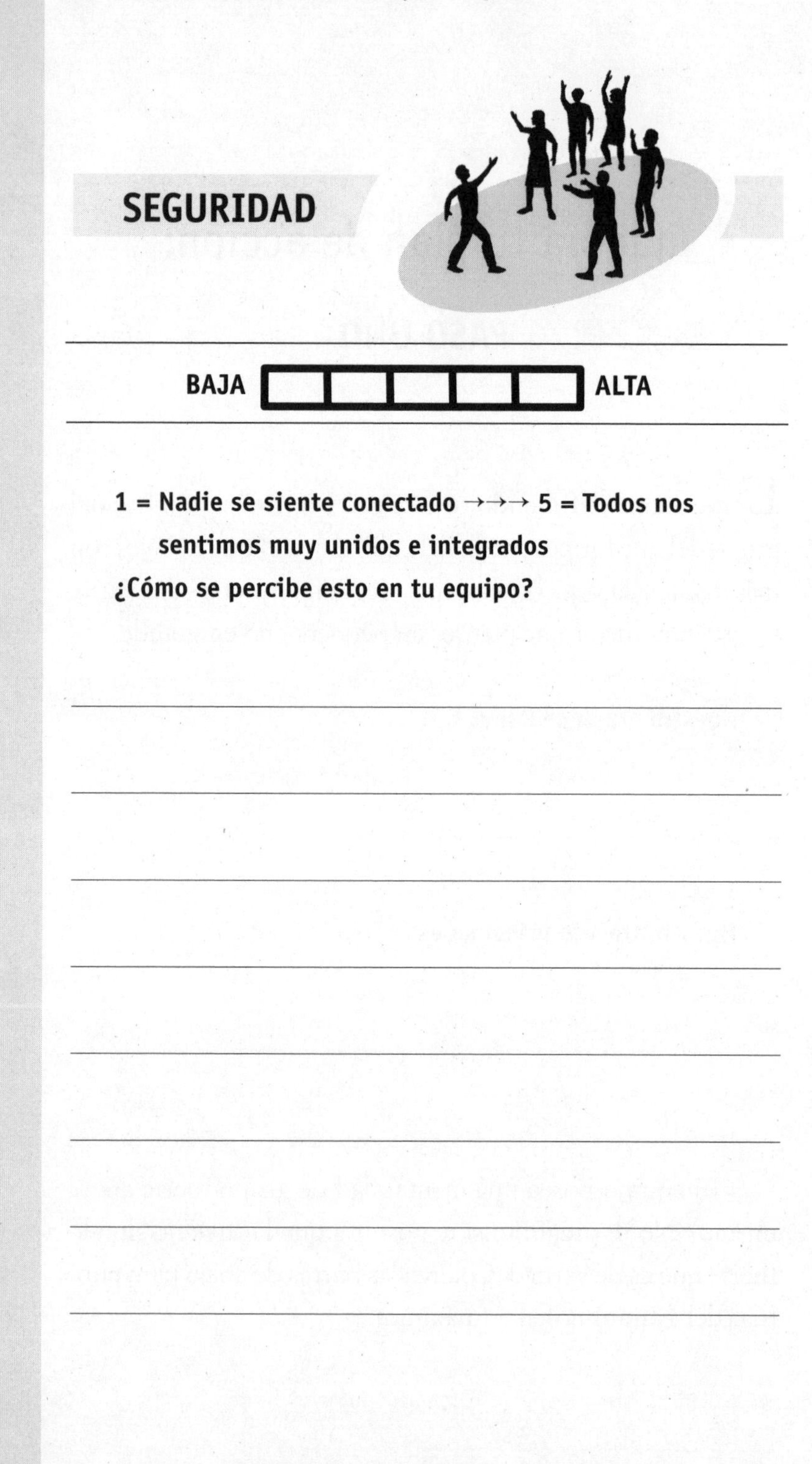

SEGURIDAD

BAJA ☐☐☐☐☐ ALTA

1 = Nadie se siente conectado →→→ 5 = Todos nos sentimos muy unidos e integrados

¿Cómo se percibe esto en tu equipo?

TE TOCA

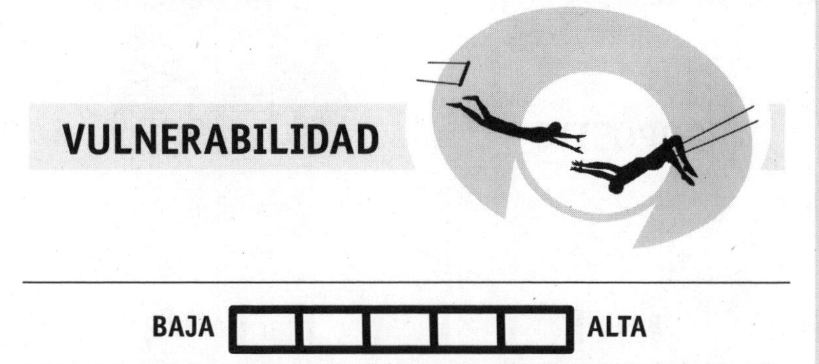

BAJA ☐☐☐☐☐ ALTA

1 = Nadie habla con los demás →→→ 5 = Todos confiamos en los demás y lo compartimos todo, aunque sea duro

¿Cómo se percibe esto en tu equipo?

PROPÓSITO

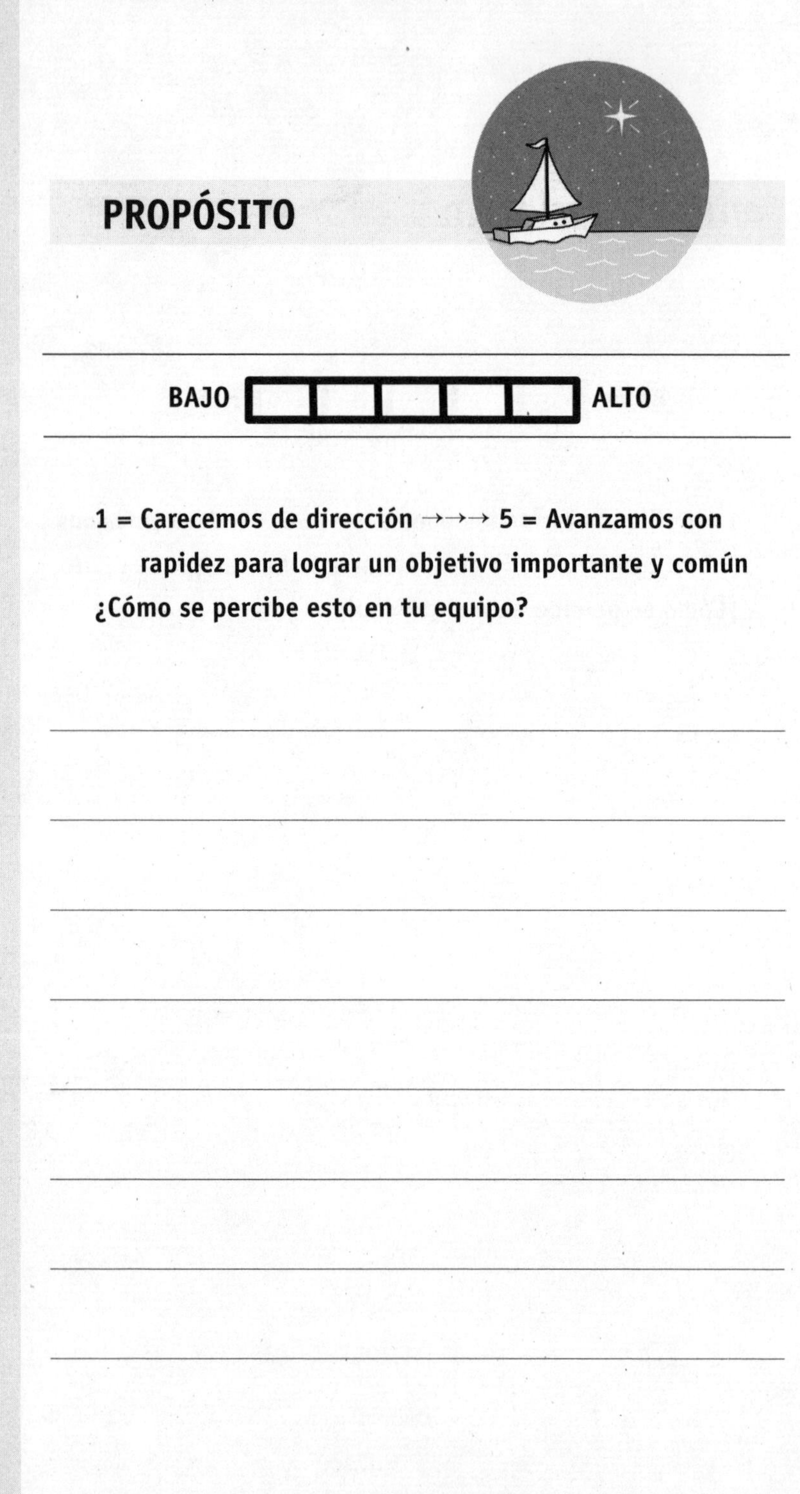

BAJO ☐☐☐☐☐ ALTO

1 = Carecemos de dirección →→→ 5 = Avanzamos con rapidez para lograr un objetivo importante y común

¿Cómo se percibe esto en tu equipo?

TE TOCA

Y ahora vamos a echar un vistazo más de cerca:

**¿Qué imagen proyecta nuestro equipo cuando estamos en nuestro mejor momento? Describe los comportamientos y las actividades que generan el mayor nivel de energía, conexión y sentido de búsqueda de un propósito común. (Tal vez te ayude imaginar que os visita un equipo de televisión interesado en grabar un documental.
¿Qué presenciarían?)**

¿Qué factores evitan que alcancemos nuestra máxima capacidad en todo momento? Anota barreras concretas que supongan un obstáculo en vuestro camino (hábitos, limitaciones, costumbres arraigadas).

Barrera n.º 1

Barrera n.º 2

Barrera n.º 3

¿Qué particularidad de nuestra cultura de equipo es tan crucial, tan inherente, que no deberíamos cambiarla jamás?

TE TOCA

Si pudieras cambiar algo de vuestra mentalidad de equipo, ¿qué sería?

PRIMERA PARTE

Generar sensación de seguridad

«Este es tu sitio»

Lo sientes nada más entrar en un equipo con mentalidad fuerte: la cálida sensación de cohesión, la predisposición compartida a hablar, el hecho de que todo el grupo piensa y siente como una única entidad. Solemos describir este fenómeno como «química de grupo» y casi siempre lo consideramos algo misterioso y accidental. Sin embargo, la ciencia ha demostrado que la química de grupo o, para usar un término más acertado, la seguridad psicológica no tiene nada de misteriosa. En realidad, se construye sobre el intercambio de «señales de pertenencia», es decir, comportamientos claros que transmiten un mensaje cristalino:

- Estamos conectados.
- Compartimos un futuro.

- Me preocupo por ti.
- Aquí tienes voz.
- Eres importante.

Las señales de pertenencia le indican a nuestro cerebro que abandone el modo vigilante, en el que buscamos indicios de peligro, y pasemos al modo conexión, en el que nos relacionamos de forma activa con las personas que nos rodean. Por eso los equipos con mentalidad fuerte envían gran cantidad de señales de pertenencia, sobre todo durante los momentos cruciales en los que se establecen las normas, como la primera vez que se reúne el grupo, la primera discusión del grupo o la primera vez que el grupo aprende algo en conjunto. Si consigues manejar estos momentos cruciales con éxito —es decir, si inundas la zona con señales de pertenencia—, habrás dado un paso de gigante a la hora de sentar las bases de la seguridad sobre la que se cimienta la mentalidad de grupo fuerte.

Una de mis creadoras de sentimiento de pertenencia preferidas es la directora de cine Ava DuVernay, nominada a un Oscar, que tiene por costumbre aprenderse el nombre de todos los miembros del equipo el primer día de rodaje. «No trato a los actores de forma distinta de como trato al técnico de iluminación, a los operadores de cámara, al director de escenografía, al director de peluquería o al director de maquillaje, porque todos están haciendo la película —le dijo a *The Statesman*—. Nadie es mejor que los demás solo porque se ponga delante de la cámara».

Las acciones siguientes son una serie de generadores de sentimiento de pertenencia. Cuando las pongas en práctica, no te olvides de que el objetivo final no es solo conseguir que los demás se sientan seguros, sino crear un entorno en el que todo el mundo —desde el becario hasta el director general— sepa que puede decir lo que piensa cuando sea oportuno. «Las conclusiones de los estudios científicos son contundentes —dice Amy Edmondson, de Harvard, pionera en el estudio de la seguridad psicológica—. Cuando las personas creen que pueden hablar sin tapujos en el trabajo, el aprendizaje, la innovación y el rendimiento de sus organizaciones es mayor».

CATALIZADORES DEL DIÁLOGO

Hablemos de seguridad

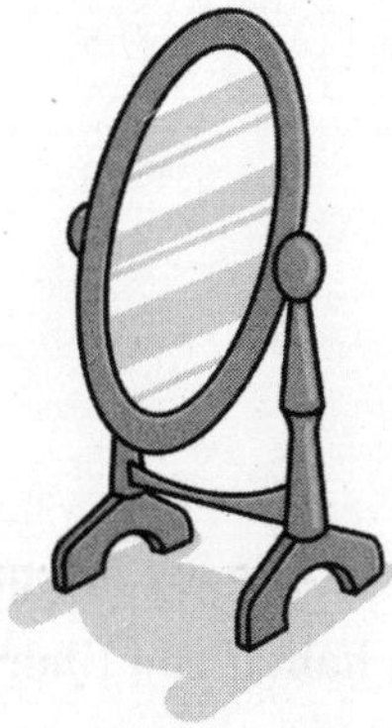

La seguridad psicológica es poderosa porque es personal. A lo mejor tú estás sintiendo una cálida y fuerte sensación de conexión y de pertenencia, y la persona que tienes al lado tal vez siente lo contrario. Mientras exploras estas preguntas con tu equipo, asegúrate de no perder la curiosidad, la perspectiva y la empatía.

En una escala del 1 al 10, ¿cómo de seguras y de conectadas se sienten las personas de tu equipo? ¿Todos los integrantes del equipo, sobre todo miembros de minorías marginadas históricamente, sienten lo mismo? En caso contrario, ¿por qué?

¿Estamos seguros de que los integrantes del equipo saben que pueden hablar con libertad? ¿Cómo averiguar si no es así?

Cuando alguien se une al equipo, ¿qué hacemos para que se sienta integrado?

¿Cómo creamos y mantenemos vínculos con personas que teletrabajan?

«El comienzo es lo más importante del trabajo».

PLATÓN

Consejo n.º 1

Tolerancia cero con los genios capullos

La genialidad es deslumbrante; por eso creemos que un rendimiento estupendo compensa el mal comportamiento. Pero esa creencia es errónea: los estudios demuestran que los genios capullos casi nunca compensan el coste que implica en el rendimiento del equipo.

Las políticas de tolerancia cero funcionan porque mandan una señal de pertenencia con luces de neón: «Nadie, por más talento que tenga, es más importante que el resto del equipo». Y funciona: la investigación demuestra que las personas pertenecientes a grupos que valoran la buena educación tienen un 59 por ciento más de probabilidades de compartir información con otras que las personas que forman parte de grupos que no lo hacen. Aquí te dejo tres maneras de evitar capullos en tu equipo, así como la forma de lidiar con algún brote ocasional:*

* Alguien puede preguntar: ¿qué pasa con genios tan capullos como Steve Jobs, Elon Musk, Michael Jordan y Thomas Edison? La respuesta es que los genios capullos son eficaces en contadas ocasiones, como cuando lideran un equipo con una ventaja estratégica sobre el resto del mercado. Para la inmensa mayoría de los grupos, no funciona tan bien, porque sus integrantes se irán a trabajar con la competencia para no tener que

- **DILO:** Deja meridianamente claro en el proceso de selección de personal que no se admiten capullos. Una manera rápida de descartarlos es añadir una casilla para validar si es un capullo. Por ejemplo, los San Antonio Spurs evalúan a cientos de jugadores cada año para el *draft* de la NBA, de modo que tienen en cuenta y analizan cada factor: porcentaje de tiros a canasta, habilidades defensivas, lo que se te ocurra. Al final de la hoja de evaluación, hay una sola línea con una casilla:

☐ No es un Spur

Si la casilla está marcada, no seleccionarán a ese jugador por mucho talento que tenga.

Para evaluar el potencial de capullez, presta mucha atención a cómo trata el aspirante a todo el mundo (Zappos incluso entrevista al chófer del autobús que ha llevado al candidato a la entrevista). Además, contempla la posibilidad de usar las siguientes tres preguntas, desarrolladas por Dylan Minor, de la Kellogg School of Management de la Universidad Northwestern, que está demostrado que indican la probabilidad de que alguien tenga comportamientos tóxicos:

1. ¿Con qué afirmación estás más de acuerdo?
   a. Las reglas hay que seguirlas siempre.
   b. A veces hay que saltarse las reglas para hacer el trabajo.

---

soportar al jefe capullo y su comportamiento. Steve Jobs dejó de ser un capullo cuando se dio cuenta de lo mucho que dañaba al equipo.

2. Prefieres:
    a. Preguntarles a los demás cómo les va.
    b. Olvidar el pasado.
3. En el trabajo te ves más como:
    a. Un innovador.
    b. Un representante del cliente.

(Las respuestas *b*, *a* y *b* indican que una personas tiene menos probabilidades de presentar un comportamiento tóxico).

- **CORRE LA VOZ:** Envía el mensaje «Capullos no» de forma sistemática y creativa. Píntalo en las paredes. Inclúyelo en la guía del trabajador y especifica comportamientos que no se van a tolerar (por ejemplo, el paternalismo, la mala educación o las exigencias de un trato preferencial). Repítelo en las charlas, en las presentaciones y en los encuentros virtuales con el equipo. La selección de rugby neozelandesa, conocida como los All Blacks, uno de los equipos con más victorias de toda la historia, tiene un mantra: «Imbéciles, no». Otros equipos usan la regla «Gilipollas, no» de manera similar. Es sencillo e imposible de pasar por alto, y por eso funciona.
- **ENFRÉNTATE:** Si alguien se comporta como un capullo, díselo de inmediato y en privado centrando la atención en el comportamiento, no en el individuo. Si el patrón se repite, no titubees a la hora de invitarlo a que se vaya. No puedes eliminar todos los comportamientos negativos, pero sí puedes enviar el mensaje constante e inequívoco de que nadie es más importante que el equipo.

Consejo n.º 2

Mantén una cara abierta

Un oficial veterano de los Navy SEALs lo explica de esta manera: «Tu cara es como una puerta: puede estar abierta o cerrada. Asegúrate de mantener la puerta siempre abierta».

Se refiere a tu expresión (en concreto, a la del músculo situado por encima de los ojos, llamado músculo frontal). Al usar el músculo frontal —cejas levantadas, ojos alertas y bien abiertos— expresamos atención, energía, entusiasmo y compromiso. Los estudios del psicólogo Chris Frith indican que las señales de nuestros ojos, nuestras cejas y nuestra frente se perciben como más auténticas y poderosas que las señales de la parte inferior de la cara, que se pueden fingir con más facilidad (piensa en las sonrisas educadas). Así que, cuando se trata de generar seguridad, el músculo frontal es el músculo más importante de tu cuerpo, sobre todo cuando teletrabajas y no puedes enviar tantas señales físicas.

Consejo n.º 3

Utiliza frases inteligentes para romper el hielo

En los equipos con mentalidad de grupo fuerte, los comienzos no son meros comienzos: son momentos cruciales en los que se crea el sentimiento de pertenencia, o no se crea. Por eso, a estos equipos les encanta usar la herramienta más tópica y más infravalorada de todas: las frases para romper el hielo. Ya sabes, esa técnica tan trillada e incómoda de hacer una ronda de preguntas durante la cual los miembros del grupo se van turnando para responder sobre cuestiones personales a fin de crear cohesión. La clave para usarlas bien es 1) entender que la incomodidad es el objetivo, que esa vulnerabilidad compartida os unirá; y 2) usarlas con cabeza, no de forma indiscriminada. Aquí van unos consejos:

- Diferencia entre frases para romper el hielo el primer día (cuando las personas acaban de conocerse) y las frases para romper el hielo en un proyecto laboral, cuando las personas que ya se conocen están formando un equipo con el fin de lograr un objetivo concreto. Puede que parezcan similares, pero sus funciones difieren mucho. Las frases para romper el hielo el primer día son para conocer a los compañeros como personas (sus gustos, sus manías, sus intereses), mientras que las frases para romper el hielo en proyectos nuevos son para generar energía y clarificar el trabajo en sí.

Para el primer día:

Habla de lo que sucede en tus días buenos. ¿Qué pasa cuando tienes un mal día?

Cuando piensas en tu infancia, ¿qué comida te viene a la cabeza y por qué?

Háblame de tu primer coche.*

* Aquí tienes unas cuantas más:

- ¿Qué tres cosas debería saber de ti todo el mundo?
- Si estuviéramos en una isla desierta, ¿qué habilidades aportarías al equipo?
- ¿Qué canción dirías que pone la banda sonora a tu vida cotidiana?
- Si tuvieras que diseñar un bar/restaurante, ¿cómo sería y dónde estaría? ¿Qué estética tendría?
- Si te fueras mañana de vacaciones, ¿cuál sería tu destino ideal y por qué?
- ¿De dónde eres y en cuántas ciudades/sitios has vivido durante más de un año?

Para proyectos nuevos:

¿Qué te emociona más de este proyecto?
¿Qué es lo que más miedo te da que pase?
¿Qué habilidades te interesa más desarrollar?

- Usa el método de trabajo colaborativo en parejas: En vez de pedirles a las personas que se muestren vulnerables delante de todo el equipo, distribúyelas por parejas para que aborden esa parte en privado y luego compartan sus respuestas con todos.
- Que la persona más segura de la sala sea la primera en compartir. Esto marcará la tónica y ayudará a normalizar la vulnerabilidad (Véase el consejo n.º 24: Identifica y señala los errores cuanto antes y con frecuencia).

Consejo n.º 4

Nada de preferir al más guay

El sesgo de la popularidad es la percepción errónea de que trabajar en la oficina física tiene más valor, importancia e impacto que teletrabajar. Esta preferencia es natural porque está arraigada en nuestro cerebro, al que le encanta la proximidad, y se le suma la suposición de que, para subir en el escalafón, lo mejor es que te vean por la oficina. Esta preferencia, si bien es inevitable hasta cierto punto, puede resultar tóxica en grandes cantidades, provocar resentimiento, inspirar miedo y crear una dinámica de todos contra todos. Aquí van tres antídotos:

- **Comunica a tope lo que pasa en la oficina**
  La preferencia por el más guay la provoca una asimetría en la información, así que el remedio es recuperar el equilibrio en ese aspecto. Crea un canal digital (una aplicación como Slack o Teams) que capte lo que sucede

en la oficina. Llénalo de eventos clave, avances, agendas, recordatorios, preguntas e incluso acontecimientos que parezcan triviales (sobre todo si son graciosos o memorables). Cuando tengas dudas sobre si compartir algo o no, compártelo.

- **Resalta los beneficios de teletrabajar**
  Aunque el teletrabajo se está normalizando, es fácil olvidar que puede provocar la sensación de estar aislado y distante. Los equipos inteligentes intentan reducir esa distancia destacando los aspectos positivos del teletrabajo. Hace poco estuve hablando por teléfono con el directivo de una empresa que se había tomado la molestia de celebrar el nacimiento de los hijos de varios de sus empleados, que en ese momento teletrabajaban, señalando que era estupendo que esas familias pudieran estar juntas en vez de tener que ir a la oficina. Fue un pequeño detalle, pero también una poderosa validación del valor humano añadido al teletrabajo.

- **Busca la paridad de género**
  Los entornos laborales híbridos pueden aumentar las disparidades de género, ya que las mujeres suelen cargar con más responsabilidades en el hogar, lo que crea una situación en la que los hombres constituyen un porcentaje más elevado de trabajadores presenciales. Esto puede llevar a que las mujeres sientan que no tienen cabida, y también puede contribuir a la soledad y al estrés. Por eso es crucial que los empresarios permitan flexibilidad horaria para cuidar de los hijos y

atender otras obligaciones, así como que concedan permisos parentales remunerados para la conciliación familiar. Además, sopesa la posibilidad de rotar los días de trabajo presencial; eso ayudará a que todos tengan acceso al contacto de tú a tú.

- **Usa las interacciones presenciales como un refuerzo**
  No es un concurso: las interacciones presenciales son, en casi todos los aspectos, más valiosas y productivas que las versiones virtuales, sobre todo en lo referente a la creatividad (Véase el consejo n.º 11: Divide el trabajo en dos cubos: productividad y creatividad). Algunos equipos en los que todos teletrabajan, como la empresa de desarrollo de software GitLab, ofrecen incentivos para que los teletrabajadores puedan viajar para visitar en persona a sus compañeros durante varios días. Estas visitas no están enfocadas a realizar un trabajo concreto, sino a forjar relaciones, que constituyen los cimientos de la conexión y la colaboración.

Consejo n.º 5

Sigue la regla del proyecto de dos pizzas

A la hora de crear equipos para proyectos, la idea de cuantos más mejor resulta tentadora. Al fin y al cabo, cuantos más cerebros haya, más inteligente será el equipo, ¿verdad?

Pues no. Intenta siempre que los equipos para proyectos no superen las seis personas. Es una cuestión de matemáticas: un equipo de seis personas equivale a quince interacciones entre dos personas, una cantidad manejable, en la que cada miembro puede contribuir y compartir sus ideas. Un equipo de doce, en cambio, equivale a sesenta y seis interacciones entre dos personas. Los equipos de dos pizzas dan en el clavo: no hay que controlar demasiadas interacciones, pero son suficientes para generar creatividad, conexión y sentimiento de pertenencia.

Consejo n.º 6

Acostúmbrate a dar las gracias por todo

Cuando te relacionas con equipos triunfadores, las veces que oyes «Gracias» parecen demasiadas. Al final de cada temporada de baloncesto, por ejemplo, Gregg Popovich, el entrenador de los San Antonio Spurs, se lleva aparte a cada jugador y le da las gracias por permitirle entrenarlo. Esas son sus palabras exactas: «Gracias por permitir que te entrene». Así, a bote pronto, no tiene mucho sentido. Al fin y al cabo, tanto Popovich como el jugador reciben una buena compensación económica, y tampoco es que el jugador pueda decidir no entrenar. Sin embargo, este tipo de cosas sucede a menudo en los equipos con mentalidad de triunfo, porque no solo se trata de expresar el aprecio, también se trata de afirmar las relaciones y de crear el sentimiento de pertenencia.

Por ejemplo, cuando visité KIPP Infinity, un colegio concertado de mucho éxito que está en Harlem, en Nueva York, vi que los profesores se daban las gracias unos a otros de manera reiterada. Los profesores de matemáticas recibieron camisetas para celebrar el día de Pi, un regalo sorpresa de parte del auxiliar administrativo. Y Jeff Li, que da clases de matemáticas en secundaria, mandó el siguiente correo electrónico al resto de los profesores del departamento de Matemáticas:

> Queridos profes de mates a los que adoro:
>
> En el Examen 7, una miniprueba sobre funciones lineales (parte de la base programática del curso), la clase de 2024 ha sacado mejores notas que las dos clases anteriores que hicieron prácticamente el mismo examen. Podéis ver los datos a continuación:
>
> Clase de 2018: 84,5
> Clase de 2023: 87,2
> Clase de 2024: 88,7
>
> Sé que esto se debe a que la enseñanza ha mejorado en todos los cursos a partir de quinto..., así que muchas gracias por ser unos profesores estupendos que se esfuerzan por mejorar cada año.
> ¡Da resultado!
> Jeff

Todos estos agradecimientos tienen unos efectos en cascada muy potentes. En un estudio realizado por Adam Grant y Francesca Gino, se pidió a los participantes que ayudaran a un estudiante ficticio llamado Eric a escribir una carta de presentación para una solicitud de empleo. Después de ayudarlo, la mitad de los participantes recibió un mensaje de agradecimiento de Eric; la otra mitad recibió una respuesta neutra. A continuación, los participantes recibieron la petición de ayuda de Steve, otro estudiante. La participación de aquellos que habían recibido el mensaje de agradecimiento de Eric fue más del doble que la de aquellos que habían recibido una respuesta neutra. En resumen, un simple gracias hizo que las personas se mostrasen muchísimo más generosas con alguien totalmente distinto. Esto se debe a que los agradecimientos no son solo expresiones de gratitud, también sirven para crear una contagiosa sensación de seguridad, de conexión y de motivación.

> «Un buen liderazgo exige que te rodees de personas con diferentes perspectivas que puedan llevarte la contraria sin temor a represalias».
>
> Doris Kearns Goodwin

Consejo n.º 7

Usa el método PALS de incorporación de empleados

Una de las mayores diferencias entre un equipo con mentalidad de grupo fuerte y otro con mentalidad débil se aprecia el primer día de una nueva incorporación. El equipo con mentalidad débil la enfoca como una verificación rutinaria: «Aquí tienes tu tarjeta para el aparcamiento y tu documentación para el seguro». En cambio, el equipo con mentalidad fuerte la considera una oportunidad única para generar seguridad y sentimiento de pertenencia. Veamos las mejores prácticas, lo que yo llamo el método PALS («compañeros» en inglés):

1. **PERSONALIZA LA BIENVENIDA:** las nuevas incorporaciones son recibidas con calidez y ven su nombre en una pantalla o en un letrero al entrar en el edificio o, si teletrabajan, al conectarse al servidor. Un embajador les enseñará lo básico y les proporcionará información en el futuro.

2. **ARTILUGIO:** las nuevas incorporaciones reciben (en mano, o a través del correo si teletrabajan) un detalle: un libro relevante, una nota de bienvenida de parte de los jefes o superiores,* una prenda de ropa o un símbolo del trabajo del grupo. (En John Deere, los trabajadores nuevos reciben una maqueta en miniatura de la primera azada que patentaron). Algo que diga: «Esto es el comienzo de algo especial».
3. **LUGARES COMPARTIDOS PARA COMER:** las nuevas incorporaciones comen con un reducido grupo de compañeros, no para hablar del trabajo, sino para crear un ambiente cómodo y conocer las historias de los demás. Si teletrabajas, una cita virtual para comer o para tomar algo después del trabajo también sirve. (Es incluso mejor si la empresa paga la cuenta).
4. **SOLO CON EL SUPERVISOR:** una reunión rápida para familiarizarse y reducir la ansiedad. Un estudio de Microsoft demostró que los trabajadores que habían tenido enseguida una reunión con los supervisores creaban redes más fuertes, adquirían un mayor sentimiento de pertenencia y se quedaban en la empresa más tiempo en comparación con los que no.

* El primer día en Apple, las nuevas incorporaciones reciben notas con frases como: «La gente no viene aquí a nadar y guardar la ropa. Vienen para zambullirse de lleno. Quieren que su trabajo signifique algo. Algo gordo. Algo que no podría pasar en ningún otro sitio. Bienvenido a Apple». El primer día en Pixar, llevan a las nuevas incorporaciones al auditorio, donde un directivo les dice: «Da igual lo que hacíais antes, ahora creáis películas. Necesitamos vuestra ayuda para que nuestras películas sean mejores».

Consejo n.º 8

Si es posible, empieza por el trabajo presencial y después cambia

Puedes culpar a la evolución todo lo que quieras, pero es la verdad: es muy difícil establecer relaciones sólidas de equipo si no hay presencia física. Los equipos inteligentes aprovechan este fenómeno comenzando de manera presencial para después alternar breves periodos de presencialidad con periodos más largos de teletrabajo. La buena noticia es que no hace falta mucha proximidad física para crear equipos fuertes. En 37signals, la empresa que desarrolla el software Basecamp, los equipos de trabajo se reúnen en persona dos veces al año durante cuatro o cinco días. Aunque en estas sesiones presenciales se trabaja un poco (lluvia de ideas, reuniones informativas), el objetivo principal no es ser productivo, sino generar un entendimiento común y profundizar en las relaciones.

Consejo n.º 9

Apuesta por la diversión de fondo

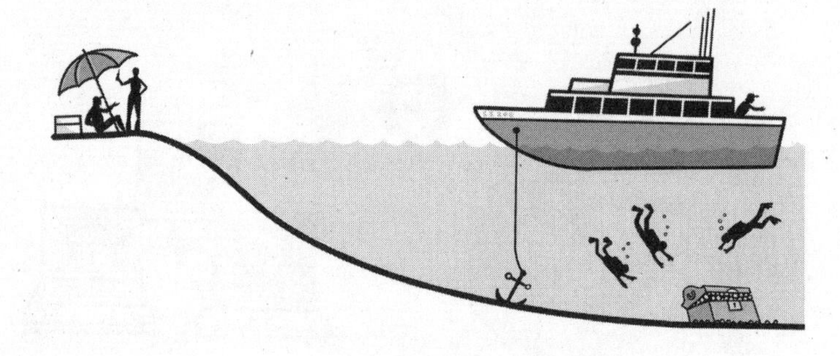

Desde hace años, las empresas han intentado crear una cultura de equipo llenando las oficinas con mesas de ping-pong, pufs y horas libres. Pese a todo, los niveles de compromiso de estas empresas apenas varían. Sin embargo, hay una forma mejor de lograrlo, y es a partir de una sencilla distinción: hay dos tipos de diversión, la superficial y la de fondo.

La diversión superficial es el disfrute edulcorado de parque de atracciones, de hacer cosas agradables juntos: jugar, reír y escuchar música. Afecta al grupo como un subidón de adrenalina: es un chute de energía, pero enseguida desaparece.

La diversión de fondo, en cambio, se da cuando las personas comparten la responsabilidad de la experiencia en grupo. Es decir, tienen poder, toman decisiones y son responsables. En la selección nacional femenina de fútbol estadounidense, las jugadoras no solo ayudan a organizar y dirigir los entrenamientos, sino que para los grandes partidos también diseñan tacos especiales para las botas, así como camisetas con sus heroínas

(Malala, Serena, Ruth Bader Ginsburg). No es una coincidencia que el equipo también use el poder colectivo que tiene fuera del campo, para luchar en los tribunales a favor de la igualdad salarial.

La diversión de fondo llega cuando diseñas tu entorno laboral, cuando te involucras a la hora de repensar el proceso de incorporación de los nuevos trabajadores. Llega cuando tu equipo de proyecto organiza su propia escapada de relax y cuando los miembros del equipo tienen libertad (y fondos) para dar a los compañeros cheques regalo de veinticinco dólares como muestra de que valoran su trabajo. Y la diversión de fondo funciona: un estudio ha demostrado que las empresas que se comprometen con los métodos de diversión de fondo consiguen cuatro veces más beneficios medios y más del doble de los ingresos medios que las empresas que se concentran en la diversión superficial.

Consejo n.º 10

Crea y comparte documentos «Lo mejor de mí»

Los equipos con mentalidad de grupo fuerte tienen una conciencia colectiva muy desarrollada. Es decir, todos los integrantes del grupo comprenden los puntos fuertes, las preferencias y las costumbres de los demás, lo que a su vez ayuda a mejorar el rendimiento del equipo. Para generar esta conciencia, se puede usar una técnica que consiste en crear un documento «Lo mejor de mí». De esta manera, cada persona escribe en una sola hoja un resumen de sus valores, de sus preferencias de comunicación y de las actividades que la revitalizan o la agotan. Crea este documento a partir de cuatro preguntas:

- Mi mejor momento es cuando ____________________
- Mi peor momento es cuando ____________________
- Puedes contar conmigo para ____________________
- Lo que necesito de ti es que ____________________

«Mantener una relación implica tomarse la molestia de comprender las necesidades de cada persona —dice Carmita Semaan, presidenta del Surge Institute, que desarrolla y apoya a los líderes de color en la educación pública—. Tienes que saber lo que las motiva, lo que las inspira y lo que las saca de quicio. El documento "Lo mejor de mí" es un esbozo que dice: "Oye, no puedo cambiar el hecho de ser una persona con mis virtudes y mis defectos, pero puedo ser sincero respecto a cómo me voy a comportar: lo que verás de mí, lo que necesito, y lo que te animo a decirme cuando lo veas"».

Para el trabajo basado en proyectos, también es útil crear un «mapa de equipo», un documento de una sola página que describa las reglas de comportamiento, el papel de cada uno y sus responsabilidades, los valores fundamentales, los métodos de comunicación y la frecuencia de las reuniones; tómatelo como un documento «Lo mejor de nosotros». Uses el método que uses, el objetivo es el mismo: aportar claridad sacando a la luz desde el minuto cero las cosas de las que no se habla, para poder funcionar mejor juntos.

Consejo n.º 11

Divide el trabajo en dos cubos: productividad y creatividad

En resumidas cuentas, hay dos tipos de trabajo: 1) hacer las cosas de siempre; 2) crear cosas nuevas. Si quieres ser productivo —es decir, hacer las cosas de siempre—, se ha demostrado que teletrabajar es más efectivo y eficaz que el trabajo presencial. Sin embargo, si quieres innovar —es decir, inventar cosas nuevas—, es mejor invertir en trabajo conjunto presencial. Los estudios demuestran que los miembros de un grupo que trabaja en el mismo lugar hablan ocho veces más a menudo que los que teletrabajan, de modo que generan muchísimas más ideas. Divide tu trabajo en estas dos categorías y planifica la agenda conforme a esta división. Si tu equipo necesita teletrabajar en un proyecto creativo, plantéate usar Mural u otra aplicación de pizarra blanca que permita a todos colaborar con fluidez.

Consejo n.º 12

Comparte MPA: muestras públicas de aprecio

La mentalidad de equipo se fortalece cuando visibiliza las relaciones, y tal vez la forma más rápida de hacerlo sea a través de la gratitud. La gratitud es muy poderosa porque, a diferencia de la mayoría de las emociones, revitaliza tanto al que agradece como al que recibe el agradecimiento. La concreción es la clave: las MPA efectivas unen las acciones con el impacto que han tenido. «Agradezco la capacidad organizativa de Tonya» es menos efectivo que «Agradezco la capacidad organizativa de Tonya, porque le ha permitido al equipo ser más innovador, lo que condujo a [un logro específico]».

Plantéate la creación de un canal de #Gracias, a fin de que las personas puedan mostrar su aprecio en público. Asegúrate de que sea bien visible y fácil de compartir. Un buen canal de #Gracias funciona como un mapa, ya que refleja las relaciones cálidas de tu equipo y resalta las relaciones —a menudo ocultas— que mejoran el rendimiento. Por supuesto, ojo con la tendencia a mostrar aprecio por las personas que se parecen a ti. Intenta expresar gratitud ante las contribuciones de todos, tengan el puesto que tengan. En especial cuando se trate de un trabajo emocional, que se suele pasar por alto con facilidad, sobre todo cuando lo realizan miembros de minorías.

Consejo n.º 13

Empléate a fondo en crear igualdad racial y sentimiento de pertenencia

Todos los equipos saben que la diversidad, la equidad y la inclusión son importantes. Lo que diferencia a los equipos con mentalidad de grupo fuerte es que aspiran a un objetivo más ambicioso: crear sentimiento de pertenencia. Esta diferencia se entiende mucho mejor si usamos la metáfora de una fiesta, vista desde la perspectiva de un miembro de una minoría.

Diversidad y equidad es cuando te invitan a la fiesta.
Inclusión es cuando te sacan a bailar.
Pertenencia es cuando disfrutas bailando.

Crear un sentimiento de pertenencia que atraviese las barreras raciales no es una tarea insignificante, y esta guía (escrita por un hombre blanco) no conseguirá ni mucho menos tratar el tema de forma exhaustiva. Sin embargo, sí podemos explorar cuál es la mejor manera de enfocar el desafío, y un buen comienzo es preguntar: ¿cómo es el sentimiento de pertenencia en su máxima expresión?

De entre los líderes que conozco, diría que Gregg Popovich, entrenador de los San Antonio Spurs y uno de los entrenadores de la NBA con más éxito de todos los tiempos, es el más hábil en este sentido. Popovich enfoca el desafío con la mentalidad de un emprendedor que busca continuamente oportunidades para hablar de historia, legados y del mundo que hay más allá de la cancha de baloncesto. En uno de los entrenamientos que presencié, durante el tiempo que otros equipos emplean para analizar vídeos de otros partidos, Popovich proyectó un documental sobre la Ley de Derecho al Voto de 1965, y después facilitó una conversación de equipo extraordinaria al respecto. En otro entrenamiento justo antes de las finales de la NBA de 2015, Popovich inició una conversación sobre el día de Eddie Mabo, la festividad australiana que conmemora un juicio gracias al cual los aborígenes australianos consiguieron eliminar los obstáculos legales para poseer tierras.

«Me puso la carne de gallina [en el buen sentido]», declaró Patty Mills, un jugador aborigen australiano, a *Sports Illustrated* refiriéndose a aquella sesión de 2015. «No se trataba de una sesión o un entrenamiento cualquiera. Era para preparar las finales de la NBA y el partido contra los Miami Heat. Estábamos todos preparados, y va y eso es lo primero que dice».

Y de eso se trata. La conexión se basaba en la irreprimible curiosidad de Popovich por aprender sobre otras culturas y, lo más importante, en su predisposición a resaltar su valor. Aquí te dejo algunas ideas para que las tengas en cuenta cuando tu equipo emprenda su propio viaje:

1. *Normaliza las conversaciones incómodas*

No hace mucho, vivíamos en un mundo en el que las conversaciones incómodas sobre el racismo sistémico, los sesgos y la injusticia no se abordaban en el trabajo. Ahora no se trata de elegir si tener o no dichas conversaciones, sino de elegir cómo tenerlas para que fortalezcan la cultura de equipo. En palabras de Kwame Christian, especialista en resolución de conflictos y director del American Negotiation Institute: «Las mejores cosas de la vida se encuentran al otro lado de una conversación difícil». Para llegar a ese punto, resulta útil:

A. ACEPTA LA INCOMODIDAD DESDE EL PRINCIPIO

Las conversaciones sobre cuestiones raciales y de igualdad son incómodas, sobre todo al principio y sobre todo para miembros del grupo mayoritario. Aceptar la incomodidad desde que empieza la conversación es una de las cosas más importantes que puedes hacer para normalizarla. Decir «Todos vamos a cometer algún error porque a nadie se le da bien hablar de esto» ayuda a que la conversación sea segura.

Una forma rápida de generar una incomodidad positiva es el test Althea, creado por el asesor Anjuan Simmons.* Funciona de esta manera: haz las siguientes preguntas a los jefes de tu equipo (si contestan «No» a cualquiera de ellas, no pasan la prueba):

1. ¿Conoces los nombres de las mujeres pertenecientes a minorías raciales que contribuyen de forma individual a tu organización?
2. ¿Puedes nombrar al menos dos contribuciones que hayan hecho recientemente?
3. ¿Las ves haciendo tu trabajo, con el tiempo?

Ten en cuenta esto: la incomodidad es la clave. Este trabajo exige un compromiso personal total para examinarnos cada uno de nosotros, y también para percatarnos del conjunto de sensaciones, dinámicas y reacciones respecto a las que tal vez hemos estado ciegos. Como dice Carmita Semaan, del Surge Institute: «Al vivir en la incomodidad, creces».

B. DEJA CLARO QUE ES TRABAJO DE TODOS

En las conversaciones sobre temas raciales y de igualdad se da el curioso fenómeno de que todos suponen que los participantes que pertenecen a minorías étnicas deberían ser quienes más compartan, mientras que los blancos deberían centrarse en escuchar y aprender. Este fenómeno está condenado al

* El test recibe el nombre de una mujer con la que Simmons trabajaba y a la que ignoraban pese a sus contribuciones.

fracaso porque traslada un peso injusto a los miembros de esas minorías (que tienen que «explicar» lo que es el racismo a sus compañeros blancos). Es importante que los blancos escuchen y aprendan con una mente abierta, sin ponerse a la defensiva, pero eso no basta para solucionar el problema. Al mismo tiempo, los blancos a menudo titubean a la hora de hablar, temerosos de dar un paso en falso.

¿La solución? Sacar a relucir los miedos. Encontramos un ejemplo excelente en el equipo de fútbol americano de Penn State. Después de la muerte de George Floyd, mantuvieron una reunión de equipo en la que llevaron la voz cantante los jugadores negros. Tras la reunión, un director deportivo blanco del equipo llamado Michael Hazel compartió su opinión con el equipo a través de un correo electrónico:

> Ya es hora de que unos cuantos de nosotros, los «blancos», hablemos en estas reuniones; salvo por Carl, ninguno de nosotros (los blancos) hemos hablado (jugadores o equipo técnico) [...] seguramente por varios motivos. El miedo es el principal [...] Miedo a lo que puedan pensar algunos, miedo a decir algo controvertido, miedo a que no se entienda lo que decimos e incluso, aunque sorprenda, miedo a las represalias. Si queremos alcanzar la tolerancia, y también progresar, debemos abrirnos a la vulnerabilidad, hacer frente a la presión y decir lo que pensamos [...] Nosotros (los miembros blancos del equipo técnico) debemos cultivar el coraje para mostrarnos incómodos y ser un modelo para los más jóvenes (los jugadores blancos) a la hora de aceptar la incomodidad como parte del crecimiento.

Las palabras de Hazel, «aceptar la incomodidad como parte del crecimiento», son muy poderosas porque apuntan a una verdad más importante: esta conversación le pide a todo el mundo que arrime el hombro para construir resiliencia juntos.

C. EXPRESA GRATITUD

No es fácil mantener este tipo de conversación; las buenas mentalidades de equipo, sobre todo los buenos líderes, buscan maneras de expresar su agradecimiento a aquellos que las mantienen, en especial a aquellos que arrojan luz sobre cualquier problema o tensión dentro del grupo. (Véase el consejo n.º 32: Abraza al mensajero).

2. *Leed, ved y reflexionad juntos*

El viaje hacia el sentimiento de pertenencia y hacia la igualdad consiste en aprender a ver el mundo, y sobre todo a uno mismo, con ojos nuevos. Por eso es tan efectivo aprender juntos: ver una película o leer un libro (*Waking Up White*, de Debby Irving, y *Cómo ser antirracista*, de Ibram X. Kendi, son muy eficaces, creo yo) para después reflexionar juntos. Otra forma de hacerlo es apuntarse al desafío para generar igualdad racial en 21 días que propone Eddie Moore Jr. (https://www.eddiemoorejr.com/21daychallenge).

El desafío consiste en veintiuna lecturas cortas, vídeos y pódcast (de una media hora cada uno) en veintiún días, es decir, una al día. El plan abarca toda la experiencia de los estadounidenses negros a través de la historia, la identidad y la cultura, y sirve como motor para crear conciencia y comprensión, así como para generar conversaciones.

Cuidado: es un viaje largo, profundo y personal. Kathleen Boyle Dalen, que colidera iniciativas de diversidad en igualdad racial e inclusión en la Ewing Marion Kauffman Foundation, lo explica así: «Si hay algo que puedo decirles a las personas sobre este trabajo es que requiere tiempo. Empezamos con ideas de una planificación temporal, un mapa y posibles resultados…, y en cambio pasamos, y seguimos pasando, el tiempo con el laborioso e incómodo trabajo de entablar relaciones, crear confianza y hablar de los temas difíciles. Hacérselo saber a los demás desde el principio los ayudará mucho a entenderlo».

3. *Deja de decir «encaje» y empieza a decir «contribución»*

En algún momento, el concepto de «encaje en la cultura de equipo» se convirtió en la vara de medir más popular para evaluar a las personas, sobre todo a los candidatos a un puesto de trabajo. La idea subyacente es que las personas que encajan sin problemas en las normas y el estilo del equipo son más valiosas que las que tienen «poco encaje». Pensar esto es un error, porque refuerza tu preferencia por las personas que se parecen a ti y te manda a un camino en el que crearás el equipo peor adaptado y con menos éxito de todos: el equipo de mentalidad única. Y eso tiene repercusiones en los beneficios: según un estudio de McKinsey realizado en 2019, las empresas situadas en el cuartil más alto en cuanto a diversidad étnica son un 36 por ciento más rentables que aquellas que se sitúan en el cuartil inferior.

Así que deja de buscar el encaje y céntrate en cambio en la contribución. Deja de subrayar lo que compartís y empieza a destacar cómo encajáis todos juntos para que el conjunto sea mayor que la suma de todas sus partes. Una forma de empezar es haciéndote estas preguntas, y haciéndolas a tu equipo:

- ¿Qué nuevas perspectivas debemos buscar?
- ¿Quién puede retarnos a salir de nuestra zona de confort?
- ¿A qué personas o a qué grupos se les ha ninguneado históricamente en nuestro trabajo?

4. *Usa discursos «Quién soy»*

Este método se usa desde hace años en la National Outdoor Leadership School para crear vínculos entre las personas que llegan desde todos los ámbitos. Cada persona habla durante cinco minutos de sí misma. Los buenos discursos suelen tener varios elementos en común:

- Acontecimientos clave que han definido quién eres.
- Algo que la gente no sabe de ti y que ayudaría a entenderte mejor.
- Los momentos, las decisiones y los acontecimientos que han definido a tu familia (después de asegurarse de que todo el mundo se siente cómodo al compartir este dato, por supuesto).

El objetivo es proporcionarle al grupo una ventana a todos los aspectos de la otra persona y mantener dicha ventana abierta mientras se avanza.

5. *Reúne datos y compártelos*

En el fondo, la igualdad no es solo una idea, sino un resultado mensurable. Los equipos con mentalidad fuerte registran su progreso comprobando sus estadísticas de contratación e inclusión, y también tienen por costumbre recabar datos que dan voz a las experiencias de los diferentes grupos. Workday, una empresa de software, lo hace a través de su Belonging Index, que viene a medir el sentimiento de pertenencia y que es una encuesta en la que se les pide a las personas que contesten de forma anónima una serie de preguntas, como:

- ¿Eres feliz en el trabajo?
- ¿Crees que tienes voz?
- ¿Te sientes cómodo ofreciendo tu opinión a los gerentes y a otras personas?
- ¿Hasta qué punto estás aprendiendo y creciendo en tu puesto actual?
- ¿Qué tal encajas en tu vida laboral?
- ¿Recibes el reconocimiento merecido por un trabajo bien hecho?

Sea cual sea el método que elijas, intenta apoyar la conversación con medidas sobre cómo están las cosas y hacia dónde van.

«La diversidad fomenta la innovación. Cuando limitamos quién puede contribuir, limitamos los problemas que se pueden solucionar».

TELLE WHITNEY

Consejo n.º 14

Usa la tutoría relámpago

La tutoría es una herramienta muy útil. Enriquece la cultura del equipo, ya que establece vínculos y propicia el aprendizaje tanto del mentor como del discípulo. La pega es que la tutoría tradicional es una tarea inmensa que requiere un gran compromiso en tiempo y en energía. La solución es adoptar la tutoría relámpago, una estrategia que consiste en el acercamiento de los miembros más jóvenes del equipo a los veteranos con peticiones menores que se pueden resolver tomando un café, como:

- Me gustaría saber cómo preparaste la presentación.
- Me encantaría saber qué consejo profesional le darías a tu yo de joven.
- ¿Puedes hablarme de los intríngulis de tu último proyecto? ¿Qué salió muy bien? ¿Qué te gustaría que hubiera salido mejor?

Las preguntas en apariencia tontas pero certeras, generan conversaciones muy interesantes. Por ejemplo, cada vez que una jugadora nueva era convocada a la selección nacional femenina de fútbol, Jill Ellis, la antigua entrenadora, le encargaba una tarea: «Siéntate junto a una veterana y escucha sus cicatrices». «Las jugadoras veteranas tienen muchísimo que enseñarles a las novatas —dice Ellis—. Toda jugadora de éxito lo ha alcanzado porque ha fracasado una y otra vez. Que tus jugadoras más jóvenes lo aprendan desde el principio es de vital importancia».

Durante la conversación, los discípulos deberían ser conscientes de que el objetivo no es adquirir conocimientos reales, sino absorber la forma de pensar del mentor, cómo descubre y enfoca los problemas y las oportunidades. El objetivo es que los aprendices graben la voz del mentor en su cabeza, de modo que puedan oírla cuando la necesiten.

Consejo n.º 15

Id a clase juntos

A lo mejor te sorprende la cantidad de tiempo que pasan los equipos de alto rendimiento aprendiendo habilidades que nada tienen que ver con el trabajo. Me refiero a habilidades como cocinar, alfarería, yoga, fotografía o cualquier otra cosa que se te ocurra. Pixar va más allá con la Pixar University, que ofrece un buen número de clases rotativas de temas como improvisación, escultura, diseño, programación e incluso malabarismo. Todas se imparten durante la jornada laboral, con la certeza por parte de todos de que está bien faltar al trabajo para ir a clase. Funciona porque, en Pixar, la gente sabe que aprender y esforzarse juntos —asistentes recién contratados codeándose con directivos— elimina las jerarquías, crea vínculos inesperados y afianza las relaciones. Mejor todavía: busca personas en tu equipo que sean expertas en una habilidad concreta y pídeles que se la enseñen a los demás.

Consejo n.º 16

Tómate descansos regulares con todo el equipo

Una de las cosas más sencillas y efectivas que puede hacer un equipo es tomarse un respiro todos juntos. Una empresa de diseño que analicé tiene la tradición de hacer sonar un gong una vez a la semana para anunciar una pausa grupal para tomar café. Otras dan un paseo o almuerzan todos juntos, o, como en el caso de Two Sisters Bakery, en Homer, Alaska, cierran la tienda para que todo el personal pueda asistir al festival de música anual (la dueña, Carri Thurman, hasta proporciona las entradas y da dinero para gastos). Las pausas sincronizadas funcionan porque crean el tejido para la conexión, la conversación y el conocimiento compartido que une todavía más a los equipos. Un estudio en el centro de atención telefónica al cliente del Bank of America demostró que instaurar pausas sincronizadas para eliminar las aleatorias triplicó las tasas de retención de trabajadores y mejoró el rendimiento en un 23 por ciento.

Consejo n.º 17

Invierte en la mejor cafetera que te puedas permitir

(Y NO TE OLVIDES DEL TÉ).

Consejo n.º 18

Haz una llamada telefónica a la semana fuera del círculo habitual

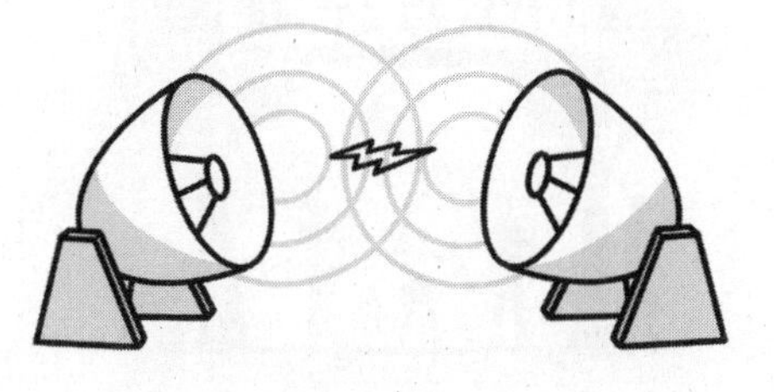

Los estudios demuestran que los trabajadores que pasan a teletrabajar experimentan a menudo lo que se conoce como el «síndrome del círculo menguante»: se comunican más con personas a las que ya conocen bien y menos con los miembros más distantes de su red de trabajo. Esto puede ocasionar problemas, sobre todo porque los vínculos poco definidos tienen un papel crucial en la creatividad y el desarrollo profesional del equipo.

La cura es implementar la costumbre de celebrar una sesión semanal para ponerse al día con alguien que se encuentre en los límites de tu círculo habitual. Mándale una nota breve para sugerir la sesión y plantéate usar el teléfono. La anticuada conexión de audio a veces es capaz de crear un vínculo más profundo e importante que el vídeo.

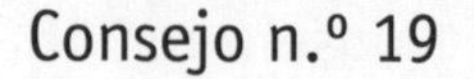

Consejo n.º 19

Dedica tiempo al grupo y a ti

Es el dilema eterno del trabajo presencial: ¿oficina de un único espacio compartido o despachos privados? Los defensores del espacio compartido destacan la importancia del debate, la innovación y la flexibilidad; los defensores de los despachos privados citan estudios que demuestran que la interacción del equipo se reduce cuando se implantan oficinas en un espacio abierto (supuestamente porque todo el mundo se coloca los auriculares y no habla). Sin embargo, la investigación a este respecto no es concluyente, ya que todo depende del trabajo que se esté llevando a cabo. ¿Qué hacer?

La respuesta es dejar de pensar que es un problema de

espacio y empezar a considerarlo un problema de tiempo. Establece periodos claros para trabajo en grupo y trabajo en solitario: tiempo con la cabeza arriba y tiempo con la cabeza abajo. Por ejemplo, puedes dedicar las mañanas a trabajo tranquilo y las tardes a trabajo colaborativo. O establecer bloques de dos horas. O dedicar días enteros a cada modalidad. Lo que mejor funcione, siempre y cuando lo dejes bien claro. Además, plantéate reservar ciertas zonas de la oficina para el trabajo en solitario —la versión en oficina de los vagones en silencio—, de cara a los introvertidos que funcionan mejor con una mayor privacidad.

Consejo n.º 20

Recoge la basura

A mediados de la década de 1960, el equipo de baloncesto masculino de la Universidad de California en Los Ángeles se encontraba en mitad de una de las rachas de mayor éxito de toda la historia del deporte, ya que había ganado diez campeonatos nacionales en doce años. Después de cada partido, John Wooden, el legendario primer entrenador, recorría los vestuarios recogiendo la basura. «Allí estaba un hombre que ya había ganado tres campeonatos nacionales —dijo Franklin Adler, antiguo director estudiantil—, un hombre que tenía un lugar de honor en el Salón de la Fama como jugador, un hombre que había creado una dinastía y que seguía perpetuándola, agachado, recogiendo basura del suelo del vestuario».

Wooden no estaba solo. El fundador de McDonald's, Ray Kroc, era famoso por hacer el trabajo sucio en persona. «Todas las noches lo veías recorrer la calle, pegado al bordillo, recogiendo a su paso cada envoltorio y cada vaso de McDonald's —le dijo Fred Turner, antiguo director ejecutivo de

McDonald's, al escritor Alan Deutschman—. Volvía al restaurante con las manos llenas de vasos y envoltorios. Vi a Ray pasar una mañana entera de sábado limpiando los agujeros del escurridor del cubo de la fregona con un cepillo de dientes. Ninguna otra persona le prestaba atención al dichoso escurridor de la fregona, porque todos sabían que solo era un escurridor. Pero Kroc veía toda la porquería que se incrustaba en el interior de los agujeros y quería limpiarlos para que el escurridor funcionase mejor».

Los capitanes de la selección neozelandesa de rugby, los All Blacks, han formalizado esta costumbre convirtiéndola en un valor de equipo llamado «barrer la casa». Los capitanes hacen las tareas menores, como limpiar y ordenar los vestuarios, y de paso ejemplifican la ética de unidad y trabajo conjunto del equipo. Recoger la basura es un ejemplo, pero se aplica el mismo comportamiento a la asignación de plazas de aparcamiento (igualitarias, sin plazas especiales reservadas a los jefes) y a la equidad salarial, sobre todo en el caso de las empresas emergentes. Estas acciones tienen mucha fuerza porque envían un mensaje más amplio: «Estamos todos en el mismo barco».

Consejo n.º 21

Forma un anillo de reciprocidad

Esta técnica para propiciar el sentimiento de pertenencia nació hace miles de años entre los nativos de las islas Trobriand de Nueva Guinea, pero funciona como si fuera nueva. Consiste en tres pasos:

1. Reúne, ya sea de forma presencial o virtual, a no más de veinte personas.
2. Una a una, cada persona comparte una petición sencilla con el resto del grupo. Las peticiones pueden ser personales (¿Alguien conoce a un buen paseante de perros?) o profesionales (¿Puede alguien enseñarme a adjuntar documentos en Slack?) o cualquier cosa intermedia. La regla de oro: que las peticiones se puedan cumplir en cinco minutos.

3. El resto del grupo responde a la petición, y cada uno se presta voluntario para aquello que crea conveniente. Al final todos han tenido la oportunidad de ofrecer y recibir ayuda, y la estancia rebosa gratitud y un renovado sentimiento de conexión. Si quieres saber más, consulta la plataforma de Give and Take para compartir conocimientos, Givitas, en https://giveandtakeinc.com/givitas/.

> «La autoridad real de un líder es un poder que tú le otorgas de forma voluntaria, y le concedes esa autoridad no con resentimiento o resignación, sino de buena gana».
>
> DAVID FESTER WALLACE

Consejo n.º 22

Reserva tiempo para no hacer nada juntos

El cotilleo es el pegamento de una cultura de equipo. Aunque debes evitar los cotilleos malsanos que minan la moral, te conviene fomentar el flujo continuo y orgánico de información, las sesiones chorras, el intercambio de inteligencia que refuerza el vínculo y la conciencia de equipo. Por eso los equipos de teletrabajo con más éxito reservan tiempo «solo para quedar»: comer, charlar, hacer cosas que no tengan nada que ver con el trabajo y que los ayuden a estar sincronizados. En Google, los equipos de teletrabajo hacen una pausa para tomarse un té a la misma hora. Los restaurantes Per Se y French Laundry están situados a miles de kilómetros de distancia en Nueva York y Napa Valley, pero sus cocinas están conectadas por una cámara con imagen en tiempo real para que se puedan ver en todo momento. Otros equipos usan la ruleta del café, una reunión semanal que, de forma aleatoria, distribuye a la gente en grupos de entre cuatro y seis personas.

Dos claves para las quedadas virtuales: 1) tienes que estar preparado para hablar de cosas no relacionadas con el trabajo; 2) tienes que estar preparado para sentirte muy incómodo la primera vez que comáis juntos delante de una cámara. Sin embargo, una vez que te acostumbres, verás lo divertido y natural que resulta; porque comer juntos, ya sea de forma presencial o virtual, sigue siendo una de las experiencias que más unen a un grupo.

Elabora tu plan de acción:

PASO DOS

FORTALECER NUESTRA SENSACIÓN DE SEGURIDAD

La sensación de seguridad se basa en comportamientos sencillos y repetidos que mandan una señal inequívoca: «No eres invisible. Aquí tienes voz. Este es tu sitio. Compartimos un futuro».

Actividad individual n.º 1

MAPA DE LA SEGURIDAD

En los equipos, la seguridad funciona como el oxígeno: es la fuente de energía invisible que lo hace todo posible.

1. Anota las iniciales de todas las personas con las que tienes una relación laboral estrecha.

TE TOCA

2. Coloca sus iniciales en el mapa según lo seguro que te sientas en esa relación.

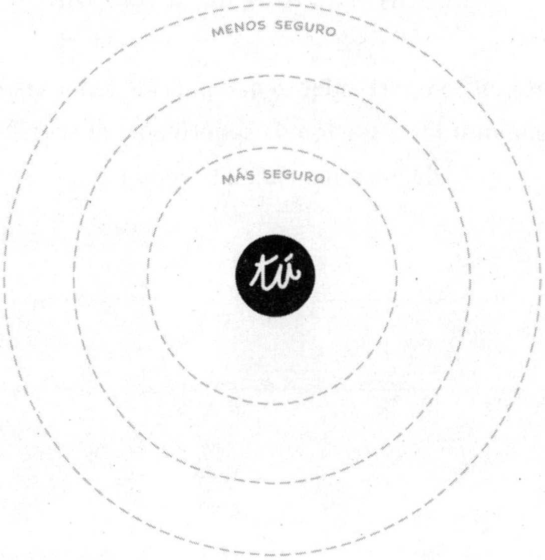

MENOS SEGURO

MÁS SEGURO

tú

Actividad individual n.º 2

PREGUNTAS PARA REFLEXIONAR

Anota un comportamiento que podrías tener mañana para mejorar la sensación de seguridad y el sentimiento de pertenencia en tu equipo.

Piensa en la persona de tu equipo que no da su opinión tanto como debería. ¿Qué harías para que sepa que su voz es necesaria y valorada?

En la próxima reunión virtual de equipo, ¿qué pregunta podrías hacer para ayudarla a integrarse más?

Actividad de grupo

Este ejercicio de treinta y cinco minutos está diseñado para grupos de entre cuatro y ocho personas. Si el equipo es más grande, tendrás que dividirlo y después compartir los resultados entre todos.

MATERIALES: notas adhesivas, un rotulador y una pizarra blanca (o los equivalentes digitales).

1. Pídele a cada miembro del grupo que escoja dos acciones que le gustaría llevar a cabo de la lista que aparece abajo. Escribe el título de cada una en una nota adhesiva y pégala en la pizarra. (Cinco minutos).

LAS ACCIONES

Tolerancia cero con los genios capullos
Mantener la cara abierta
Utilizar frases inteligentes para romper el hielo
Nada de preferir al más guay
Seguir la regla del proyecto de dos pizzas
Acostumbrarse a dar las gracias por todo
Usar el método PALS de incorporación de empleados
Si es posible, empezar por el trabajo presencial y después cambiar
Adoptar la diversión de fondo
Crear y compartir documentos «Lo mejor de mí»

Dividir el trabajo en dos cubos: productividad y creatividad
Compartir MPA: muestras públicas de aprecio
Emplearse a fondo en crear igualdad racial y sentimiento de pertenencia
Usar la tutoría relámpago
Ir a clase juntos
Tomarse descansos regulares con todo el equipo
Invertir en la mejor cafetera que te puedas permitir
Hacer una llamada telefónica a la semana fuera del círculo habitual
Dedicar tiempo al grupo y a ti
Recoger la basura
Formar un anillo de reciprocidad
Reservar tiempo para no hacer nada juntos

O crea una lista propia:

1. ______________________________
2. ______________________________
3. ______________________________

2. Pídele a cada miembro del grupo que explique qué lo ha llevado a decidirse por esas acciones y qué impacto pueden tener. (Diez minutos).

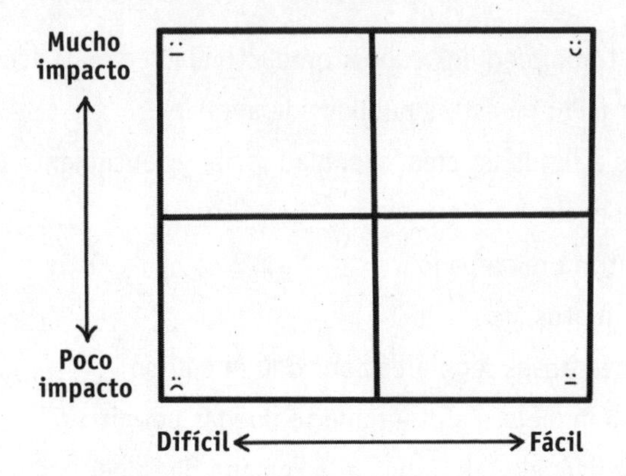

3. Como grupo, usad la sabiduría colectiva para situar cada acción en la cuadrícula anterior. El objetivo es identificar dos o tres acciones que correspondan al cuadrante superior derecho: que tengan mucho impacto y sean fáciles de llevar a cabo. (Diez minutos).

4. Ahora que ya habéis escogido vuestras dos o tres acciones, indicad los pasos específicos que debéis seguir para ponerlas en práctica. ¿Qué haréis mañana? ¿Qué herramientas o materiales necesitáis? ¿A quién deberíais incluir en la conversación? (Diez minutos).

Acción n.º 1 ____________________

Pasos

____

____

____

____

Acción n.º 2 ____________________

Pasos

Acción n.º 3 ____________________

Pasos

SEGUNDA PARTE

Compartir vulnerabilidades

«Confiamos»

Cuando se observa a un equipo con una mentalidad fuerte en acción, se ven muchos momentos de cooperación y confianza. El grupo empieza a moverse y a pensar, sin comunicarse y sin planearlo, como una sola entidad, y sortea los problemas para encontrar el camino de la misma manera que un banco de peces encuentra su camino a través de un arrecife de coral, como si todos estuvieran conectados al mismo cerebro. Es bonito.

Sin embargo, si miramos con atención, veremos algo más. Pese a esa sencilla agilidad, hay momentos que no parecen tan fluidos ni tan bonitos. Hay momentos de torpeza, de dificultad, llenos de conversaciones espinosas. Son momentos de gran tensión durante los cuales las personas se enfrentan a obstáculos y luchan juntas para saber qué hacer.

Estos momentos se llaman «bucles de vulnerabilidad» y son el núcleo del proceso de generación de confianza. Los bucles de vulnerabilidad se producen cuando dos o más personas se reúnen y admiten que desconocen las respuestas, comparten su debilidad. Se basan en una poderosa certeza psicológica: cuando los individuos asumen riesgos interpersonales juntos, conectan y cooperan a un nivel mucho más profundo.

Normalmente, afrontamos la confianza y la vulnerabilidad del mismo modo que afrontamos el hecho de pasar de tierra firme a lo desconocido: primero construimos la confianza y luego saltamos. Pero los equipos con conciencia de grupo fuerte nos enseñan que lo hemos entendido al revés. La vulnerabilidad no sigue a la confianza, la precede. Asumir un riesgo, cuando es en conjunto, hace que el terreno sólido de la confianza se materialice bajo nuestros pies.

Dar el primer paso requiere audacia. Uno de mis ejemplos favoritos es el de Melinda Gates, copresidenta de la Fundación Gates. Hace unos años, para reforzar la confianza del equipo de la fundación, Melinda grabó un vídeo interno al estilo de «Famosos leen tuits ofensivos» en el que leía sus propias evaluaciones de rendimiento y elegía las más críticas para leerlas primero. La primera crítica incluía la frase «Melinda es como la dichosa Mary Poppins, perfecta en todos los sentidos». Después de reírse, se sinceró y enumeró con buen humor sus defectos, demostrando así el tipo de humildad que ayuda a fomentar los vínculos.

Es normal que te sientas incómodo al realizar estas acciones; al fin y al cabo, ese es el objetivo. También es normal que te acostumbres a esa sensación a medida que avances; tal vez es posible que hasta la agradezcas. Fomentar la confianza entre los miembros del equipo es exactamente igual que fortalecer la musculatura de tu cuerpo: «Sin dolor no hay resultados». Y cuanto más insistas, más fuerte serás.

CATALIZADORES DEL DIÁLOGO

Hablemos de vulnerabilidad

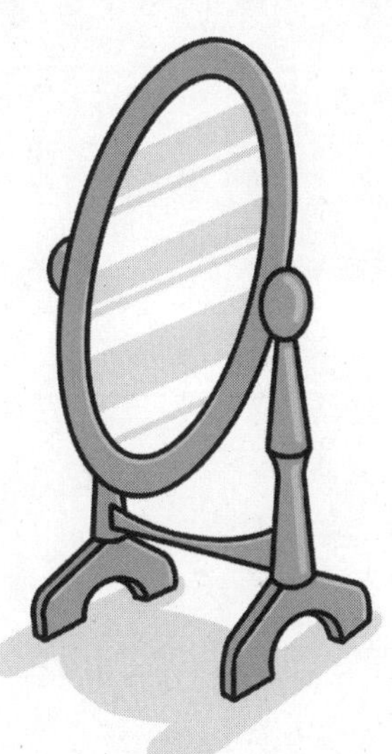

Se nos enseña que debemos confiar antes de ser vulnerables, pero en realidad lo hemos entendido al revés: los momentos de vulnerabilidad, cuando se comparten, crean confianza, cohesión y química de equipo.

Nombra un problema evidente del que nadie habla pero que es necesario que tu equipo afronte.

Describe la reacción típica de tu equipo cuando alguien mete la pata o falla. ¿Qué sucede?

Identifica con qué integrantes de tu equipo tienes una relación más estrecha, con quienes tienes más confianza. ¿Qué acciones y hábitos la fortalecen?

Piensa en las diferentes maneras de reunirse de tu equipo, tanto de forma virtual como presencial. ¿Qué tipo de reunión fortalece más las relaciones interpersonales? ¿Qué tipo de reunión las debilita?

Nos fortalece	Nos debilita

Nos fortalece	Nos debilita

Consejo n.º 23

Acaba con la falacia de la feliz perfección

Tal vez la idea errónea más común sobre los equipos de éxito es que se mueven en un mundo exento de tensiones en el que siempre brilla el sol y la alegría, y donde no existen desacuerdos y los errores son escasos. Esto no es cierto ni por asomo. De hecho, los equipos exitosos no eluden las tensiones, sino que las aceptan y las usan como combustible para su mentalidad de grupo. Acostumbran a mantener conversaciones incómodas, sortean los desacuerdos y aceptan sus errores, porque entienden que su fuerza se basa en su manera de resolver juntos los problemas. En otras palabras, la feliz perfección no es una característica; es un error que hay que superar. He aquí algunas formas de hacerlo:

1. *Interpreta la placidez como algo negativo.* Si celebráis una reunión sin preguntas ni desacuerdos, debes interpretar que ha sido improductiva; al fin y al cabo, si todo

el mundo está de acuerdo, ¿qué sentido tiene que os reunáis para hablar? Si todos los comentarios son positivos, ¿qué sentido tiene que se convoque una reunión? Los conflictos y las tensiones no son problemas que deban evitarse, son oportunidades para que los miembros de tu equipo los resuelvan juntos.

2. *Distingue entre los conflictos interpersonales y los conflictos de trabajo.* No todos los conflictos son iguales. El conflicto interpersonal (tú contra mí) es algo relacionado con la personalidad que surge del ámbito emocional y casi siempre resulta improductivo. El conflicto de trabajo (tus ideas contra mis ideas) es un motor de innovación y debe fomentarse. Cuando te encuentres con tensiones, intenta siempre preguntar: ¿Cómo podemos centrar esto en las ideas y no en las personas?
3. *Consigue que hablar de los errores sea un tema seguro.* Cuando cometemos errores, nos abruma el instinto de ocultarlo, pasarlo por alto y seguir adelante. Los equipos fuertes invierten esa dinámica. Intentan destacar y recordar sus errores y utilizarlos como marcadores para avanzar, centrándose en la claridad que crearon los errores y en los nuevos caminos que abrieron para los integrantes del grupo. Uno de los mejores ejemplos en este sentido es la activista del derecho al voto Stacey Abrams, que sigue tres reglas: 1) darles a las personas tareas superiores a su nivel; 2) hacerles saber que es de esperar que cometa algunos errores; 3) crear un espacio seguro para aprender de esos errores. «Sabía que, si no encontraba la respuesta para algún problema, no me iban a culpar —declaró a *Business Insider* Aiko Bethea, que

trabajó con Stacey Abrams en el equipo de asesores del Gobierno de Atlanta—. Así que nunca me preocupó equivocarme y que me castigaran o me humillaran por ello. [...] Se trata de dar permiso a tu equipo para que aprenda y crezca. Con esa premisa, claro, todos esperan que se produzcan fallos. Todos saben que va a haber fallos, porque quiero que aprendan. Quiero que crezcan. Y de esa manera les doy la oportunidad de que lo hagan».

4. *Define y aprovecha las tensiones básicas de tu equipo.* Todos los grupos se enfrentan continuamente a una serie de tensiones básicas. Tal vez se trate de la tensión existente entre la innovación y la tradición (¿Debemos inclinarnos por lo nuevo o seguir con los hábitos establecidos a la hora de hacer las cosas?), o entre el servicio al cliente y el apoyo al personal (¿Cuándo debemos poner al cliente en primer lugar y cuándo debemos atender a nuestros compañeros de equipo?), o entre centrarse en el éxito actual e invertir en el futuro (¿Debemos apoyar los proyectos existentes o centrarnos en la I+D?). Estas tensiones no son negativas; son el punto crucial de tu trabajo, las laderas escarpadas de la montaña que estáis escalando juntos. Definirlas y ponerlas de relieve es una señal esclarecedora y vigorizante: «Sí, estas tensiones son complicadas, pero superarlas juntos (y hablar de estos temas tan espinosos) es lo que nos ayuda a tener éxito. Al fin y al cabo, si esto fuera fácil, todo el mundo lo haría».

Consejo n.º 24

Identifica y señala los errores cuanto antes y con frecuencia

Cuando visité los estudios de Pixar, recorrí un edificio relativamente nuevo con Ed Catmull, el cofundador de la empresa y presidente. Era un sitio precioso, plagado de arte de una creatividad alucinante y de espacios de reunión iluminados por la luz del sol. Mientras caminábamos, le dije:

—Ed, nunca había visto un sitio tan genial.

Ed Catmull se detuvo, se volvió y me miró a los ojos.

—En realidad, este edificio fue un error.

Me sorprendió.

—¿En serio?

—Sí —dijo Ed con tranquilidad—. No fomenta el tipo de relaciones que necesitamos crear. Deberíamos haber hecho los pasillos más amplios. Deberíamos haber hecho la cafetería más grande, para atraer a más gente. Deberíamos haber colocado los despachos en los laterales para crear más espacio compartido en el centro. Cometimos muchos errores, entre ellos el mayor fue no darnos cuenta de dichos errores hasta que ya era demasiado tarde.

Me dejó pasmado. Cuando felicitas a los dueños de las empresas por trabajar en un edificio bonito, casi todos responden con satisfacción, pero Ed Catmull no. ¿Por qué?

Unas semanas más tarde, descubrí la respuesta. Me encontraba en Virginia Beach, en Virginia, desayunando con Dave Cooper, suboficial mayor al mando del Equipo 6 de los Navy SEALs. Cooper es famoso por haber creado algunos de los equipos más cohesionados dentro de las fuerzas especiales estadounidenses, entre ellos los que acabaron con Osama bin Laden. A mitad del desayuno, David Cooper dijo lo siguiente: «Las palabras más importantes que puede decir un líder son: he metido la pata».

Bingo. Como todos los buenos líderes, Ed Catmull y David Cooper saben que señalar los errores es el inicio de un bucle de vulnerabilidad, ese intenso momento en el que un grupo comparte sus debilidades para hacerse más fuerte. Ambos saben que los equipos débiles ocultan sus problemas; los fuertes los revelan para poder resolverlos juntos. He aquí algunas formas de hacerlo:

1. *Pedir ayuda explícitamente.* No basta con admitir que no se tienen todas las respuestas. También hay que invitar activamente a la gente a que se preste a ayudar. A continuación propongo algunas frases que resultan útiles:

- Me encantaría que todo el mundo hiciera su aportación a esta idea.
- Decidme qué nos falta aquí.
- Es normal que metamos la pata con esto.
- Este es nuestro primer intento. ¿Qué necesitamos para mejorar?
- Necesito que analicéis esto en busca de errores.

La frase exacta que uses no importa, siempre que contenga un mensaje claro: necesito vuestra ayuda para mejorar esto.

2. *Enmarca los errores en un contexto de aprendizaje.* Una de las dudas más comunes a la hora de reconocer los errores es que se corre el riesgo de parecer incompetente. La solución es ligar dichos errores al deseo de mejorar. Así que utiliza frases como «Me interesa mucho aprender más» o «¿Quién de nuestro grupo puede hablarnos más sobre este tema?» o «¿Puedes enseñarme a hacer eso?».
3. *Busca opiniones fuertes, pero practica la flexibilidad.* Tal vez pienses que los integrantes de los equipos exitosos tienen opiniones fuertes, y es posible que sea así. Pero debes tener algo en cuenta: esa pasión va de la mano de la amplitud de miras necesaria para reconocer que pueden equivocarse. Adoptan posturas firmes, pero nunca luchan a muerte. Me gusta la expresión «la humildad es nuestra columna vertebral» porque capta la naturaleza paradójica de esta cualidad: combinar la fuerza entusiasta para defender tus argumentos con la disposición

constante y firme de aprender de los demás. Tal como le gusta decir a Mary Barra, directora ejecutiva de General Motors: «No pasa nada por admitir lo que desconoces. No pasa nada por pedir ayuda. Y no pasa nada si escuchas lo que tus trabajadores tienen que decir. De hecho, es esencial».

> «El ejemplo no solo es la mejor manera de influir en los demás. Es la única».
>
> Albert Schweitzer

Consejo n.º 25

Propón un calentamiento previo a la reunión

En el peor de los casos, las reuniones virtuales son momentos aburridos e incómodos durante los cuales algunos hablan a la vez mientras los demás apagan las cámaras y se desconectan. Eso crea un entorno en el que las verdades pueden quedar sepultadas y algunas voces se amortiguan o se silencian, sobre todo las pertenecientes a los grupos minoritarios o marginados. Por eso es esencial utilizar el calentamiento: actividades breves que creen un espacio mental agradable y compartido. «El entorno virtual es voluntario —dice Glenn Fajardo, que estudia el teletrabajo en la Escuela de Diseño de Stanford y es coautor del libro *Rituals for Virtual Meetings*, donde ahonda en las reuniones virtuales—. Si quieres que todos participen, debes mantenerlos ocupados con un proceso creativo, a ser posible, en grupo. Hay que aprovechar la motivación intrínseca; crear una dinámica de atracción».

Fajardo recomienda calentamientos de cinco minutos en una sala pequeña con no más de cuatro usuarios a la vez a los que se les hace una pregunta: «¿Qué es lo mejor que has comido esta semana?», «¿Qué es lo que más te apetece hacer este mes?» o «¿Cuál es la mejor película que has visto en la vida?».

«La pregunta debe ser ligera y positiva, y no debe estar relacionada con el trabajo —añade Glenn Fajardo—. El objetivo es dejar que la gente la desarrolle hasta donde le apetezca».

Algunos calentamientos alternativos:

- **RONDA RÁPIDA DE QUINCE SEGUNDOS:** Un método para grupos pequeños consistente en compartir información personal en dos frases. También está en formato dual: una frase sobre el ámbito privado y otra sobre el laboral.
- **ESTADO ENERGÉTICO:** En primer lugar, pídeles a todos los miembros del grupo que puntúen su nivel actual de energía y concentración del 1 (casi dormido) al 7 (a tope). A continuación, pídeles que introduzcan algún cambio en su entorno que aumente su puntuación en un punto. Pueden ponerse de pie y estirarse, silenciar las notificaciones del teléfono, prepararse un té… Lo que hagan da igual, siempre y cuando sea una actividad que los mantenga en sintonía.
- **RESPIRACIÓN:** Respirad hondo todos juntos varias veces.
- **MÚSICA:** Comparte una lista de reproducción o, mejor aún, pide a cada miembro del grupo que proponga una canción de antemano. Reproduce las canciones y que el grupo trate de adivinar quién ha propuesto cada una.
- **OLORES:** Pídeles a todos que huelan la misma especia al mismo tiempo y compartan sus reacciones (parece raro, lo sé, pero funciona).

Advertencia: No te sientas obligado a utilizar el calentamiento en todas las reuniones (puede resultar pesado para aquellos que tienen que pasarse el día en reuniones virtuales). Mejor resérvalo para las reuniones que requieran un ambiente creativo o en las que reúnas personas a las que hace tiempo que no ves.

Consejo n.º 26

Envía el correo de tres líneas

Este es uno de mis favoritos, porque es muy simple. Se originó con Laszlo Bock, director ejecutivo y cofundador de Humu, y consiste en lo siguiente: envía un correo electrónico a tu equipo con estas tres preguntas:

- De lo que hago actualmente, ¿hay algo que os gustaría que siguiera haciendo?
- De lo que hago de vez en cuando, ¿hay algo que creéis que debería hacer más a menudo?
- ¿Qué puedo hacer para que seáis más eficaces?

Son preguntas cortas, pero suponen un gran empujón al refuerzo de la confianza: «Por favor, ayudadme a mejorar».

Es posible que este empujón provoque una reacción en cadena. Si alguien pide una opinión crítica, sobre todo si quien lo hace es el jefe, los demás lo imitarán. Y para que el vínculo sea aún más fuerte, organiza reuniones presenciales para repasar las respuestas en vez de usar el correo electrónico.*

> «El arte y la ciencia de hacer preguntas es la fuente de todo conocimiento».
>
> THOMAS BERGER

* Te propongo otras cuatro preguntas que fomentan el desarrollo de la confianza, cortesía de Jean Marie DiGiovanna, asesora de liderazgo:

¿Qué ves que haga yo que ayuda en gran medida al equipo?

¿Qué necesito saber de ti que sirva para reforzar el vínculo entre nosotros?

¿Qué talento, virtud o don posees que yo haya pasado por alto, que haya subestimado o que esté infrautilizado?

¿Qué te motiva y cómo podemos incorporarlo al ámbito laboral?

Consejo n.º 27

Cuando escuches, usa la frase mágica

Escuchar los problemas de los demás (escucharlos de verdad) tal vez sea la habilidad más poderosa que existe para crear equipos ganadores. Aunque también es difícil, porque, cuando alguien nos cuenta un problema, todos sentimos el mismo impulso abrumador: ayudar, ya mismo. Intentamos añadir algo más, compartir una historia sobre una situación similar, proporcionar recursos. Dejamos de escuchar y empezamos a hablar. No podemos evitarlo.

Hay una forma mejor de hacerlo, y empieza con una frase mágica para crear confianza: «Cuéntame más». Estas dos palabras funcionan porque los problemas son como icebergs: pequeños y simples en la superficie, pero enormes y complejos por debajo. Antes de poder ayudar, hay que indagar y descubrir: «¿Cómo ha surgido este problema? ¿Qué más está ocurriendo? ¿Cuál puede ser su evolución? ¿Quién más podría ayudar? Cuéntame más».

Tu objetivo es que «aflore la tensión», un concepto utilizado por Roshi Givechi, antiguo promotor de equipos en IDEO: transformar una respuesta unidireccional en un diálogo bidireccional en el que las personas exploren preguntas, encuentren información útil que lleve a conclusiones y creen un entendimiento conjunto.

Jack Zenger y Joseph Folkman, que dirigen una consultoría de liderazgo, analizaron a 3.492 participantes durante un programa de desarrollo de directivos y descubrieron que los oyentes más eficaces hacen lo siguiente:

1. Interactúan de forma que la otra persona se sienta segura y apoyada.
2. Adoptan una actitud de ayuda y cooperación.
3. Hacen algunas preguntas que ponen en duda las conjeturas iniciales.
4. Hacen algunas sugerencias para proponer caminos alternativos.

En otras palabras, los oyentes más eficaces se comportan como trampolines. Absorben lo que la otra persona aporta, la apoyan y añaden energía para ayudar a que la conversación gane velocidad y altura. Cuando plantean preguntas, rara vez se conforman con la primera respuesta. Más bien, aportan aún más energía para tratar de explorar el área de tensión con el fin de revelar las verdades y las conexiones que ayudarán a descubrir el camino que se debe seguir.

Consejo n.º 28

Implementa el hábito del AAR

Si solo vas a usar un consejo de este libro, que sea este. El AAR (por sus siglas en inglés, *After-Action Review*) o análisis crítico posterior es una herramienta de fortalecimiento de la confianza basada en una verdad muy simple: analizar juntos los puntos fuertes y débiles de una actuación hace que tu grupo mejore. El método AAR tiene su origen en el ejército y fue perfeccionado por los Navy SEALs, quienes lo han convertido en la base de su extraordinario trabajo en equipo.

Funciona así: justo después de que tu grupo termine una tarea importante (puede ser un proyecto, una llamada comercial o incluso una reunión), os reunís e iniciáis una conversación en torno a estas tres preguntas:

- ¿Qué ha ido bien?
- ¿Qué no ha ido bien?
- ¿Qué vamos a cambiar para la próxima vez?

El objetivo no es atribuir el mérito y la culpa, sino fomentar la claridad para que el grupo pueda aprender unido. «El entorno debe ser seguro para hablar —dice David Cooper, el suboficial mayor al mando del Equipo 6 de los Navy SEALs—. El rango desaparece y activamos la humildad. Hay que crear el ambiente propicio para que la gente pueda admitir: "He metido la pata". Hay que resistir la tentación de cargar las tintas en lo emocional e intentar escarbar hasta dar con la realidad de lo sucedido, para que todos podamos aprender de verdad de ello». Y ese aprendizaje se va acumulando. Francesca Gino y Bradley Staats realizaron un experimento en el que un grupo dedicaba un cuarto de hora al día a reflexionar sobre su trabajo; un segundo grupo trabajaba quince minutos más al día. Al cabo de quince días, en una prueba de habilidades, el grupo que reflexionaba obtuvo un resultado un 20 % mejor.

Algunos equipos utilizan también un análisis crítico previo, que se basa en una serie de preguntas similares:

- ¿Cuáles son los resultados previstos?
- ¿Qué dificultades nos podemos encontrar?
- ¿Qué hemos aprendido o qué han aprendido otros en situaciones similares?
- ¿Qué nos ayudará a tener éxito esta vez?

Un consejo más: puede ser útil seguir el hábito de los Navy SEALs de llevar a cabo el AAR sin la participación de los superiores, para facilitar la apertura. Además, también puede ser útil anotar las conclusiones (sobre todo lo que se hará de forma distinta en otras ocasiones) y compartirlas con todo el grupo. Al fin y al cabo, el objetivo de un análisis posterior no es solo averiguar lo que ha sucedido, sino también crear un modelo mental compartido que ayude al grupo a afrontar futuros problemas.

> «El cambio es una epidemia
> en el comportamiento,
> no un tsunami informativo».
>
> Leandro Herrero

Consejo n.º 29

Da paseos virtuales por el pasillo

En el mundo físico, las conversaciones de pasillo después de una reunión son uno de los momentos de mayor conexión en cualquier equipo. Es el momento en el que la gente se pone al día, comparte lo que piensa y procesa los problemas en grupo.

En el caso del teletrabajo, hace falta proponérselo. Planea dar un paseo virtual por el pasillo con uno o dos compañeros justo después de que haya terminado una reunión, si puede ser. No planifiques los temas de conversación, limítate a reflexionar con ellos.

Uno de mis esquemas de conversación preferidos es el modelo: «Bueno, ¿qué te ha parecido?/¿Y ahora qué?». En primer lugar, céntrate en analizar la reunión (¿Qué te ha llamado la atención? ¿Qué es lo más destacable?). A continuación, habla de su significado (¿Qué impacto tiene? ¿Cómo cambia esto nuestra situación?). Por último, examina las posibles líneas de actuación (¿Qué podría ocurrir a continuación? ¿En qué deberíamos centrarnos a partir de ahora?).

Consejo n.º 30

Haz la pregunta de la varita mágica

Entre las estrategias para fomentar la confianza, hay una muy eficaz a la par que sencilla. Pregúntale a cada miembro de tu grupo: «Si pudieras usar una varita mágica y cambiar una cosa de nuestra forma de trabajar, ¿qué sería?».

Las respuestas pueden referirse a la política de vacaciones, a los trámites para finalizar el contrato o a cualquier otra cosa. Para los jefes, la clave no es solo escuchar la respuesta, sino ayudar a que el cambio sugerido se implemente lo más rápido posible.

Mi ejemplo favorito de este método es el de Michael Abrashoff, un capitán de la Armada que tomó el mando del destructor USS Benfold en 1997. En aquel momento, el Benfold se encontraba en la parte inferior de las tablas de rendimiento de la Armada. Una de las primeras cosas que hizo Abrashoff fue celebrar una reunión de media hora de duración a puerta cerrada con cada uno de los trescientos diez marineros del buque. La tarea le llevó seis semanas, durante la cual les planteó tres preguntas:

- ¿Qué es lo que más te gusta del Benfold?
- ¿Qué es lo que menos te gusta?
- ¿Qué cambiarías si fueras el capitán?

Cuando recibía una sugerencia que consideraba que podía aplicarse de inmediato, anunciaba el cambio por el intercomunicador del barco, además del nombre del autor de la idea para que este se llevara el mérito. Gracias a esta y otras estrategias para fomentar la conciencia de equipo (que se detallan en su libro *It's Your Ship*), los niveles de rendimiento del Benfold aumentaron hasta el punto de que en tres años se convirtió en uno de los buques de más alto rango de la Armada, lo que nos ofrece una lección concisa sobre cómo fortalecer a un grupo: «Pregunta qué hay que cambiar y cámbialo».

Consejo n.º 31

Evita la franqueza cruel, adopta la sinceridad amable

Todos hemos oído esa frase abrasiva que la gente utiliza cuando nos va a criticar sin piedad: «Mira, voy a ser muy sincero contigo». Parece un enfoque auténtico, pero tiene un gran inconveniente: normaliza la crueldad.

Es mejor optar por una sinceridad amable, porque así proyectas dos señales a la vez: la conexión y la verdad. Un buen ejemplo de sinceridad amable lo vi una tarde en Gramercy Tavern, un restaurante neoyorquino de primera categoría. El día en cuestión, Whitney Macdonald estaba a unos minutos de lograr algo que llevaba deseando mucho tiempo: su primer turno como jefa de sala. Los comensales hacían cola en la acera, y ella estaba emocionada y un poco nerviosa. El gerente, Scott Reinhardt, se acercó a ella; supuse que para darle ánimos.

—Muy bien —dijo Scott Reinhardt mirando a Whitney con ojos brillantes y penetrantes—. Lo único que sabemos sobre el día de hoy es que no va a salir todo redondo. Obviamente, por poder podría, pero esa posibilidad es muy muy muy remota.

Whitney parpadeó sorprendida. Llevaba seis meses formándose para ese día, aprendiendo cada minucioso detalle del trabajo, con la esperanza de desempeñar un buen papel. Había trabajado como camarera, había tomado notas, había asistido a las reuniones y había seguido de cerca un turno tras otro. Y en ese momento le estaban diciendo con toda claridad que iba a meter la pata sí o sí.

—Así es como sabremos si has tenido un buen día —siguió Scott Reinhardt—. Si pides ayuda diez veces, sabremos que ha sido bueno. Si intentas hacerlo todo sola... —Dejó la frase en el aire porque no hacía falta que la completara: sería una catástrofe.

Scott Reinhardt estaba diciendo una verdad dura: ese día sería difícil y Whitney cometería errores. Y también acababa de enviarle una clara señal de conexión: «No estás sola. Lo normal es que cometas errores y aprendas de ellos. Estamos todos en el mismo barco».

Consejo n.º 32

Abraza al mensajero

Uno de los momentos más complicados en la vida de un equipo se produce justo después de que alguien comparta una mala noticia u ofrezca una crítica dura. En esos momentos es importante no limitarse a tolerar las noticias difíciles, sino también aceptarlas.

«¿Conoces la frase "¿No mates al mensajero?" —pregunta Amy Edmondson, profesora de Harvard—. En realidad, no solo no hay que matarlo, sino que hay que abrazarlo y hacerle saber lo mucho que necesitas esa crítica constructiva. Así te aseguras de que se sienta lo bastante seguro como para decirte la verdad la próxima vez».

Por supuesto, abrazar al mensajero (y, para que quede claro, estamos hablando de un abrazo en un sentido puramente metafórico) es solo el primer paso. Igual de importante es cómo hablar de ese momento con el resto del equipo. No ocultes las noticias difíciles; dalas a conocer. Diles a todos lo mucho que agradeces haberla recibido y lo mucho que necesitas seguir recibiéndolas en el futuro para mejorar.

Consejo n.º 33

Crea un mural de fracasos

Los equipos con mentalidad débil ocultan y minimizan sus errores, y fingen que no se han producido. Los equipos fuertes aprovechan sus errores para aprender. Una forma de hacerlo es crear un mural de fracasos: un espacio destacado donde se plasman y conmemoran los errores del equipo.

Hay distintos métodos: algunos equipos pegan notas adhesivas en una pared con el resumen de sus errores o los anotan en una pizarra blanca. Otros dedican un día concreto para celebrar los proyectos fallidos (algunas empresas tecnológicas lo consideran su «día de los Difuntos»). Otros conceden un trofeo rotativo al mayor fracaso de la semana; y otros incluso comparten currículos de fracasos, en los que cada integrante del equipo enumera sus meteduras de pata profesionales.

Sea cual sea el método que elijas, procura que los líderes de tu equipo compartan sus fracasos cuanto antes y con frecuencia, y deja espacio para que se añadan otros nuevos. El objetivo no es regodearse en los fracasos ni culpar a nadie, sino fomentar el hábito de reflexionar sobre los errores cometidos, aprender de ellos y, sobre todo, transmitir continuamente el mensaje de que no solo es seguro experimentar, sino que además es básico.

Consejo n.º 34

Organiza una reunión sin secretos

Es el tipo de reunión con el que sueña todo equipo: una reunión de total transparencia en la que desaparecen todos los cargos, la jerarquía y las protecciones, y el grupo presenta una imagen clara (sobre todo los líderes) de lo que está sucediendo a ras de suelo, sin paños calientes. He visto equipos de cirujanos, profesores, atletas y soldados de los cuerpos especiales beneficiarse en gran medida del aprendizaje y de la concienciación que crean estas reuniones sin secretos. El problema es que estas reuniones también son complicadas porque pueden caer fácilmente en la queja, las recriminaciones y los ataques personales, lo que destruye la mentalidad de equipo. Así que aquí te dejo unas cuantas reglas básicas:

1. *Define claramente el objetivo desde el principio.* Deja bien claro que el objetivo no es desahogarse, sino compartir ideas

concretas que ayuden a todos a hacer mejor su trabajo. Establece unos límites firmes (nada de ataques personales) y anima a todos a ir preparados para compartir 1) las áreas en las que tienen dificultades; y 2) las ideas que podrían ayudar a los demás a mejorar.

2. *Escapa de la rutina.* Salid de la oficina o id a cualquier lugar donde podáis despreocuparos de si alguien os oye u os ve. Y que el grupo sea reducido: los grupos grandes no son tan eficaces como los de menos de diez personas.

3. *Concéntrate en sensibilizar.* En el mejor de los casos, las reuniones sin secretos consisten en crear una perspectiva nueva y en dar cabida tanto a lo positivo como a lo negativo. Te propongo tres preguntas que pueden ayudar:

- ¿Qué crees que necesito saber que no sé?
- ¿Qué dificultades tienes?
- ¿De qué estás orgulloso?

Asegúrate de mostrarte agradecido, tanto durante la reunión como después. Quizá descubras que tu equipo consigue ser más consciente y sensible al poder de las relaciones internas.

Consejo n.º 35

Haz de guía de los espacios de trabajo

Una forma rápida de mejorar la relación del equipo, sobre todo en los grupos recién formados, es animar a la gente a que se levante con el portátil y enseñe su espacio de trabajo a los demás. Esto «amplía la visión», porque permite que los integrantes del equipo vean a los demás como personas y no como simples caras en la pantalla. Todavía mejor: elige tu foto preferida o un objeto personal y comparte la historia que hay detrás. Y, por supuesto, ten presente que a algunas personas, dada su situación, les puede resultar difícil o imposible compartir, así que muestra sensibilidad.

Consejo n.º 36

Normaliza hablar de la salud mental

Si uno de tus compañeros de trabajo se rompiera una pierna, el equipo se pondría en marcha para apoyarlo. Los problemas de salud mental deberían recibir la misma respuesta, aunque son más difíciles de detectar, sobre todo si se teletrabaja. Los equipos con una fuerte conciencia de grupo buscan maneras de hablar abiertamente sobre salud mental y se muestran comprensivos y sin prejuicios a la hora de comprobar cómo están los demás. Te sugiero tres formas de hacerlo:

- **Predica con el ejemplo**
  Cuando se trata de normalizar las conversaciones sobre salud mental, pocas fuerzas son más poderosas que las acciones de los líderes. Los directivos de Genentech, una empresa de biotecnología, crearon una serie de vídeos breves en los que hablaban de su propia salud mental, y a continuación formaron a «paladines de la salud mental» para que entablaran conversaciones sobre el tema. Conocí al director de un fondo de inversiones que

fue aún más lejos y compartió la historia de su trastorno mental con su equipo. «Tenía miedo de hacerlo —dijo—. Pero resultó ser lo mejor que he hecho en mi papel de jefe».

- **Haz «telerrevisiones»**

  En el ambiente laboral presencial es relativamente fácil detectar si la gente está teniendo un día/semana/mes bueno o malo. Sin embargo, con el teletrabajo hay que ir más allá y preguntar. Forma un grupo pequeño (seis integrantes o menos) y pregunta si todo el mundo se siente cómodo haciendo una revisión de su salud mental. Pídeles que puntúen sus niveles de estrés y energía del 1 al 5, y que compartan sus respuestas entre ellos. Lo mejor es que los líderes sean los primeros. Asegúrate de que nadie se sienta obligado a compartir los motivos de su estado de ánimo si no lo desea y de que se sienta arropado si decide compartirlos. (Para otro enfoque, consulta el consejo n.º 43: Celebra una fiesta de la ansiedad). Es importante centrarse en los aspectos positivos de la salud mental y también en los aspectos negativos. Al entrenador de los Golden State Warriors, Steve Kerr, le gusta utilizar la unidad de medida inventada «Alegría de vivir», que va de 0 a 100. «¿Cuánta alegría de vivir tienes hoy?» pregunta Steve Kerr, y la otra persona comparte su puntuación diaria: «Quizá hoy sea 91; ayer 76». Así se crea una dinámica rápida que solo necesita unos segundos y que puede dar lugar a conversaciones más profundas.

- **Comparte recursos**
  Coloca enlaces en lugares destacados; preséntalos como algo positivo y, si te parece apropiado, comparte las historias con final feliz que se han producido gracias a esos recursos. Buscar asesoramiento sobre salud mental no debe considerarse vergonzoso; debe ser como si se visitara a un orientador.

> «La verdadera ventaja competitiva de cualquier empresa se resume en una palabra: personas».
>
> KAMIL TOUME

Consejo n.º 37

Organiza un intercambio de ideas

Uno de los momentos más críticos a la hora de transformar cualquier equipo es cuando de repente se ve a sí mismo desde una nueva perspectiva. La forma más rápida de conseguirlo es a través de un intercambio de ideas: un día en el que dos organizaciones afines se reúnen para comparar notas, explorar retos comunes y aprender la una de la otra. A continuación te explico cómo hacerlo.

- *Ponte en contacto con alguna organización que comparta un aspecto clave con la tuya.* Por ejemplo, he visto intercambios de ideas sobre comunicación eficaz entre oficiales de los Boinas Verdes y directivos de General Electric, y entre equipos deportivos profesionales y cirujanos de traumatología sobre cómo actuar bajo presión. Busca a alguien que transite un camino paralelo al vuestro, un no competidor que se enfrente a algunos de los retos a los que también os enfrentáis vosotros. Asegúrate de que el equipo sea relativamente pequeño: menos de diez personas o así, para que todos tengan voz y las conversaciones resulten manejables.

- *Habla con franqueza sobre los retos y las deficiencias de tu equipo.* No es el momento de demostrar tus puntos fuertes, sino de ser sincero contigo mismo sobre los puntos débiles. ¿A qué dificultades os enfrentáis? ¿Qué herramientas estáis buscando para mejorar?
- *Utiliza la técnica 2+2.* Pide a cada equipo que seleccione de antemano dos temas que deseen explorar durante una hora cada uno, y luego añade otras dos horas para cualquier conversación que surja y para la creación de vínculos. Los temas funcionan mejor si cubren una brecha entre los puntos débiles de tu equipo y los puntos fuertes del otro. «Se os da fenomenal localizar y contratar talentos; y a nosotros se nos da fatal. ¿Podéis explicarnos cómo lo enfocáis y qué proceso seguís?». Sea cual sea el formato elegido, el objetivo es siempre el mismo: salir con nuevas perspectivas, con nuevas formas de pensar, y crear una red de relaciones más extensa y profunda.

Consejo n.º 38

Somete al equipo a mantenimientos regulares

Si tienes cerca algún equipo de alto rendimiento habrás visto que practican un doble enfoque. La mitad de su atención se centra en el proyecto que tienen entre manos, mientras que la otra mitad se mantiene atenta al funcionamiento interno del equipo. Igual que los pilotos de carreras, hacen paradas regulares en boxes para poner a punto el motor del equipo y llenar el depósito de combustible.

Una forma de conseguirlo, de la que fue pionera la empresa de diseño IDEO, es el sistema de «comprobación de vuelo», que consiste en mantener una serie de reuniones de equipo antes, durante y después del proyecto. Al igual que en el AAR (véase el consejo n.º 28: Implementa el hábito del AAR), su finalidad es ayudar al equipo a ver el trabajo con claridad. A diferencia del AAR, estas reuniones ponen de manifiesto el funcionamiento interno del equipo y generan conversaciones que sacan a la luz la dinámica de grupo y la mejoran. A continuación te ofrezco una plantilla:

ANTES DEL VUELO: LO QUE PRETENDEMOS HACER

- Define el objetivo, las funciones y las responsabilidades de cada uno.
- Discute el flujo de comunicación y la toma de decisiones.
- Habla de las áreas en las que cada miembro del equipo quiere mejorar y aprender.
- Haz una autopsia previa a la muerte: si dentro de un año echáramos la vista atrás y nos preguntáramos por qué fracasó este proyecto, ¿a qué lo achacaríamos?

DURANTE EL VUELO: ¿CÓMO VA TODO?

- Pídeles a los miembros del equipo que compartan una palabra para describir el rendimiento del equipo hasta ahora.
- Pídeles a todos que compartan una cosa que el equipo debería hacer más.
- Pídeles a todos que compartan una cosa que el equipo debería hacer diferente.
- Pregunta si ha cambiado el alcance del proyecto y, en caso afirmativo, de qué manera.

DESPUÉS DEL VUELO: LO QUE HEMOS APRENDIDO JUNTOS

- Elaborad todos juntos un documento en el que se describa lo que se ha aprendido en el proyecto, en especial las herramientas o los procesos que podrían adaptarse.
- Pídeles a todos que compartan un comentario positivo (algo que un compañero de equipo haya hecho bien).

El beneficio que se obtiene de esta estrategia no es solo el aumento de la percepción de tu equipo sobre sí mismo, sino también la creación del hábito organizativo de dedicar tiempo a hablar de las preguntas críticas a las que os enfrentáis continuamente: «¿Estamos trabajando bien juntos? ¿Cómo podemos mejorar?».

Consejo n.º 39

Practica el juego de la resta

Uno de los retos crónicos a los que se enfrenta todo equipo es el «mal del más». Su origen está en el hecho de que la vida moderna añade, invariablemente, más tareas de las que resta. El resultado es que nos encontramos enterrados bajo una avalancha de cosas nuevas que tenemos que hacer ya. Dos profesores de Stanford, Bob Sutton y Hayagreeva Rao, han desarrollado una cura llamada «el juego de la resta», que funciona así: celebra periódicamente una reunión de un cuarto de hora con tu equipo en la que hagas las siguientes preguntas:

- ¿Hay algo que hagamos que antes resultaba útil pero que ahora es un estorbo?

- ¿Hay algo que produzca una fricción innecesaria?
- ¿Hay algo que nos distraiga?

Sutton y Rao han comprobado que el juego funciona bien si se le pide a la gente que responda a las preguntas en tres etapas: primero de manera individual, luego en pequeños grupos y, por último, reuniendo de nuevo a todo el grupo. Además, hay que asegurarse de incluir a los directivos con capacidad para introducir los cambios de inmediato. La recompensa no es solo una mejora de la eficacia, sino también un descubrimiento compartido: «Tenemos el poder de cambiar las cosas».

Consejo n.º 40

Pregunta qué harías más y diferente

La crítica constructiva es uno de los pilares básicos en los equipos de alto rendimiento y también uno de los más complicados. ¿Cómo se asegura la persona que la ofrece de que la crítica es útil y precisa? ¿Cómo evita el receptor sentirse criticado o en situación de inferioridad? Además, todos sabemos que la socorrida técnica de intercalar una crítica negativa entre dos positivas está pasada de moda.

Una de las mejores herramientas para ofrecer críticas constructivas que he encontrado es la técnica usada por Ellen van Oosten, que enseña liderazgo en la Universidad Case Western Reserve y que es coautora del libro *Helping People Change*. Su idea consiste en darle la vuelta a la conversación para no entrar en la crítica y centrarse en cambio en crear una reflexión mediante dos preguntas:

- ¿Qué crees que deberías hacer más?
- ¿Qué crees que podrías hacer de forma diferente?

En otras palabras, en vez de inducir a una crítica constructiva, tratar de crear un estímulo para la reflexión. Estas preguntas funcionan porque hacen lo mismo que haría un buen coach: destacar lo positivo, evitar los juicios de valor, generar autonomía y orientar el crecimiento.

Consejo n.º 41

Comunica lo negativo en persona

Esta es una regla que se practica de tapadillo y que he descubierto en algunos equipos de alto rendimiento. Consiste en lo siguiente: si tienes que transmitir a alguien noticias o comentarios negativos (aunque sea algo tan minúsculo como un pequeño gasto rechazado en un presupuesto), has de hacerlo cara a cara (o, en el caso del teletrabajo, con una videollamada individual). Esta regla no es fácil de seguir; al fin y al cabo, es más fácil y más cómodo teclear el mensaje. Pero funciona porque aborda una situación tensa con honestidad y franqueza, lo que fomenta la claridad y la conexión.

Uno de los métodos más creativos para manejar los elementos negativos es el que emplea Joe Maddon, director deportivo en las grandes ligas de béisbol desde hace tiempo y reconocido experto en vinos. Joe Maddon tiene en su despacho un recipiente de cristal lleno de papelitos con el nombre de un vino caro. Cuando un jugador infringe una regla del equipo, Joe le pide que saque un papelito del cuenco, compre ese vino y lo comparta con el entrenador. En otras palabras, vincula el acto disciplinario con el acto de reconexión.

Tiene claro que es en los momentos de negatividad cuando los equipos pueden desmoronarse, pero también cuando pueden fortalecerse.

Consejo n.º 42

Pide un tiempo muerto para saciar la curiosidad

Este consejo funciona como un dinamizador en mitad de una reunión virtual, y consiste en lo siguiente:

1. En mitad de la reunión, anuncia el tiempo muerto y di: «Dado que el propósito de esta reunión es ________, ¿hay algo al respecto que queráis saber?».
2. Ofréceles veinte segundos para reflexionar en silencio.
3. Pídeles que compartan sus respuestas con el equipo en voz alta, pero que sean breves y claras: un par de frases como máximo.

El objetivo no es limitarse a responder sus preguntas, sino usarlas para iluminar nuevos caminos de percepción y exploración. Además, ayuda al equipo a darse cuenta de que los momentos de silencio, que en un primer momento parecen incómodos, en realidad no lo son: son el sonido de los miembros de tu equipo pensando juntos.

Consejo n.º 43

Celebra una fiesta de la ansiedad

Esta técnica de reducción del estrés y de generación de confianza la inventaron los equipos de Google Ventures, y resulta especialmente eficaz con los equipos que teletrabajan. Funciona así:

1. Reúne a un grupo pequeño, de no más de seis personas, ya sea de forma presencial o virtual.
2. Cada persona dedica diez minutos a escribir los problemas relacionados con el trabajo que más le preocupan, y luego los ordena de mayor a menor preocupación.
3. Cada persona comparte su lista con el grupo, que puntúa cada preocupación de 0 (no es un problema desde su punto de vista) a 5 (es preocupante y merece atención).
4. Para cualquier preocupación que obtenga una media

superior a 3, el grupo dedica un tiempo a hacer una lluvia de ideas sobre posibles estrategias y soluciones.

Descubrirás que la fiesta sirve como válvula de escape, y que también es una plataforma para que la gente conecte y resuelva los problemas en grupo. Además, contribuye en gran medida a normalizar las conversaciones sobre el estrés, la ansiedad y la salud mental (véase el consejo n.º 36: Normaliza hablar de la salud mental).

Consejo n.º 44

Comparte tu revés

Los equipos ganadores buscan formas de resaltar las destrezas y las habilidades que requieren mejoras. Una manera de hacerlo consiste en lo que se denomina «compartir el revés». La idea surge de los deportes de raqueta, donde los jugadores tienen ciertas habilidades más potentes (golpe de derecha) y otras más débiles (revés). En Next Jump, una empresa de venta por internet, los trabajadores nuevos asisten a un curso intensivo de liderazgo en el que identifican sus golpes de derecha y sus reveses, y después los comparten con el grupo. «Compartir los reveses puede llegar a convertirse en algo habitual —afirma Meghan Messenger, una de las directoras ejecutivas de Next Jump—. Cuando se expone una debilidad y se habla de ella, sucede algo increíble. La gente empieza a hablar, a pedir ayuda a los demás. Se disipa el espejismo de la perfección y se ve con naturalidad la imperfección propia del ser humano, lo que ayuda a que todo el mundo conecte». ¿Se te dan bien los proyectos creativos con lluvias de ideas, pero te cuesta ejecutarlos de forma disciplinada? ¿Progresas en el trabajo en solitario, pero te cuesta el cooperativo? Compartir tu revés crea una conciencia compartida, perfila posibles vías de desarrollo y genera seguridad porque, al fin y al cabo, todo el mundo tiene uno.

Consejo n.º 45

Llena el graderío

Una de las características más infravaloradas del teletrabajo es la facilidad con la que se pueden añadir personas a una reunión, lo que crea una oportunidad con coste cero de aprendizaje mediante la observación. Considera la posibilidad de designar unos cuantos «asientos de grada» para los trabajadores que despunten en temas de liderazgo, los becarios y para cualquiera que desee observar y aprender. El objetivo no es que las personas de las gradas participen, sino que observen cómo se comunican, piensan e interactúan los líderes del equipo. Asegúrate de hacer después un seguimiento para ver lo que ha observado el público desde el graderío: tu equipo podría aprender algo nuevo.

Consejo n.º 46

Celebra el final de los proyectos

Cuando terminamos un proyecto de equipo, a menudo sentimos el fuerte impulso de marcarlo como HECHO y de pasar a la siguiente línea de la lista de tareas. Eso es un error. Los equipos con mentalidad fuerte se reservan un tiempo para recuperar el aliento juntos y marcar la transición, para apreciar las cosas que han salido bien y para aprender de las que no han salido tan bien (véase el consejo n.º 28: Implementa el hábito del AAR).

No tiene por qué ser una fiesta en sí. La actriz y directora Amy Poehler tiene por costumbre terminar cada proyecto con una serie de brindis en cadena: cada integrante del equipo hace un brindis por otro, que a su vez brinda por otro, y así sucesivamente. También he visto equipos que se escriben notas de agradecimiento y, por supuesto, está la vía de las cenas de celebración y similares. Elige lo que quieras, siempre que sea sincero, divertido y fomente la unión.

Consejo n.º 47

Practica las despedidas sanas

Los dos momentos más críticos en cualquier equipo se producen cuando alguien se incorpora y cuando alguien se va. Por eso, los equipos con mentalidad fuerte tratan las despedidas con el mismo cuidado y tiento que dedican a las incorporaciones (véase el consejo n.º 7: Usa el método PALS de incorporación de empleados). A continuación te explico tres principios que se deben seguir:

- *Maximiza la calidez.* Las despedidas no son divertidas. Sentimos el poderoso impulso de mantenernos alejados, de minimizar el momento. Los equipos con mentalidad fuerte, sin embargo, hacen lo contrario. Crean plataformas para que la gente comparta el aprecio y los buenos recuerdos, y para desear lo mejor a la persona que se marcha. Ese mensaje, por supuesto, no es solo para la persona que se va; también es una señal de conexión y seguridad para el resto del equipo. En la Armada de Estados Unidos existe una tradición llamada «saludo y despedida», una cena en la que brindan por quien se va, le hacen regalos y comparten recuerdos. Cada una es distinta, desde cenas de etiqueta hasta sencillos pícnics familiares. No obstante, el mensaje fundamental es siempre el mismo: «No eres invisible, te apreciamos, te agradecemos el tiempo que hemos compartido».

- *Sé un trampolín.* Los momentos más intensos se dan cuando el grupo apoya activamente a la persona que se marcha con herramientas que la ayuden a tener éxito. El legendario entrenador de los 49ers de San Francisco, Bill Walsh, cuando se marchaban sus asistentes, tenía la costumbre de darles un kit de vídeos y libros de jugadas junto con el mensaje: «Aquí tienes tu kit de herramientas para tu nuevo trabajo». La mayoría de los entrenadores verían el libro de jugadas como información privada que se debería proteger a toda costa. Sin embargo, Walsh sabía que el éxito de su equipo no podía destilarse en mera información y que ganaba mucho más apoyando a las personas en su nueva labor. También sabía que la gente suele volver, y nunca está de más ayudar a alguien a sentirse bien durante la despedida.
- *Descarga la información.* En cuanto alguien decide dejar un equipo, ve las cosas desde una nueva perspectiva. Los equipos fuertes se hacen con esa perspectiva mediante una entrevista de despedida franca y exhaustiva: ¿Qué nos falta? ¿Qué podríamos hacer mejor? ¿De qué problemas y retos se niega a hablar la gente aunque deberíamos abordarlos? Las personas que se marchan son uno de los recursos de aprendizaje más valiosos de tu equipo, así que no dejes que se vayan sin aprovechar su conocimiento.

Consejo n.º 48

Que los jefes desaparezcan de vez en cuando

En los equipos con éxito hay una imagen sorprendente que se repite en ciertos momentos: el jefe desaparece silenciosamente, dejando que el equipo resuelva las cosas por sí mismo. Uno de los mejores en esto es el entrenador de los San Antonio Spurs, Gregg Popovich. La mayoría de los equipos de la NBA sigue un protocolo para el tiempo muerto: en primer lugar, el equipo técnico se reúne durante unos segundos para organizar el mensaje, y después los entrenadores se dirigen al banquillo y transmiten ese mensaje a los jugadores. Sin embargo, una vez al mes, los entrenadores de los Spurs se reúnen durante un tiempo muerto..., pero no se acercan después a los jugadores para transmitirles el mensaje. Los jugadores permanecen en el banquillo a la espera de que Popovich se acerque. Hasta que por fin se dan cuenta de que no va a decirles nada, así que toman las riendas, empiezan a hablar entre ellos y elaboran un plan.

La selección nacional de rugby neozelandesa, los All Blacks, ha convertido esto en un hábito, ya que los jugadores suelen dirigir los entrenamientos sin apenas intervención de los entrenadores. Cuando le pedí a Dave Cooper, el suboficial mayor al mando del Equipo 6 de los Navy SEALs, que señalara el rasgo que compartían los equipos con un mejor rendimiento, me dijo: «Los mejores equipos casi siempre eran aquellos en los que yo participaba menos, sobre todo durante los entrenamientos. Desaparecían y no dependían de mí en absoluto. Se les daba mucho mejor que a mí averiguar por su cuenta lo que debían hacer».

Elabora tu plan de acción:

PASO TRES

FORTALECER NUESTRAS VULNERABILIDADES

Mejorar las vulnerabilidades del equipo es como fortalecer la musculatura. El dolor no es un inconveniente, sino una parte esencial del camino.

Actividad individual n.º 1

CATALIZADORES DEL DIÁLOGO

La vulnerabilidad no sigue a la confianza, la precede. Arriesgarse, cuando es en equipo, hace que la tierra firme de la confianza se materialice bajo nuestros pies.

1. En el centro del círculo, indica un tema del que tu grupo debería hablar pero no habla. No te centres en las quejas, sino en las soluciones para mejorar juntos.

2. En la línea de rayas, escribe los nombres de las personas que podrían desempeñar un papel útil en esa conversación.

Actividad individual n.º 2

PREGUNTAS PARA REFLEXIONAR

Respecto al tema que has anotado en la Actividad individual n.º 1, ¿de qué manera podrías abrir una puerta que llevara a iniciar esa conversación?

Piensa en una anécdota relacionada con alguna metedura de pata que te llevó a aprender algo que a la larga te fue de ayuda. A continuación, anota los nombres de las personas de tu equipo (quizá las nuevas incorporaciones) que podrían beneficiarse de oír esa anécdota justo en este momento.

Piensa en la persona que conoces a la que se le da mejor escuchar. Si pudieras pedirle prestada una habilidad y hacerla tuya, ¿cuál sería? ¿Cómo la usarías?

TE TOCA

Actividad de grupo

Este ejercicio de treinta y cinco minutos de duración está diseñado para grupos de entre cuatro y ocho personas. Si el equipo es más grande, divídelo en grupos pequeños y después compartid los resultados entre todos.

MATERIALES: notas adhesivas, un rotulador y una pizarra blanca (o los equivalentes digitales).

1. Pídele a cada miembro del grupo que escoja dos acciones que le gustaría llevar a cabo de la lista que aparece abajo. Escribe el título de cada una en una nota adhesiva y pégala en la pizarra. (Cinco minutos).

LAS ACCIONES

Acabar con la falacia de la feliz perfección
Identificar y señalar los errores cuanto antes y con frecuencia
Proponer un calentamiento previo a la reunión
Enviar el correo de tres líneas
Al escuchar, usar la frase mágica
Implementar el hábito del AAR
Dar paseos virtuales por el pasillo
Hacer la pregunta de la varita mágica
Evitar la franqueza cruel, adoptar la sinceridad amable
Abrazar al mensajero
Crear un mural de fracasos
Organizar una reunión sin secretos
Hacer de guía de los espacios de trabajo
Normalizar hablar de la salud mental
Organizar un intercambio de ideas
Someter al equipo a mantenimientos regulares
Practicar el juego de la resta
Preguntar qué harías más y diferente
Comunicar lo negativo en persona
Pedir un tiempo muerto para saciar la curiosidad
Celebrar una fiesta de la ansiedad
Compartir tu revés
Llenar el graderío
Celebrar el final de los proyectos
Practicar las despedidas sanas
Que los jefes desaparezcan de vez en cuando

O crea una lista propia:

1. ______________________________
2. ______________________________
3. ______________________________

2. Pídele a cada miembro del grupo que explique qué lo ha llevado a decidirse por esas acciones y qué impacto pueden tener. (Diez minutos).

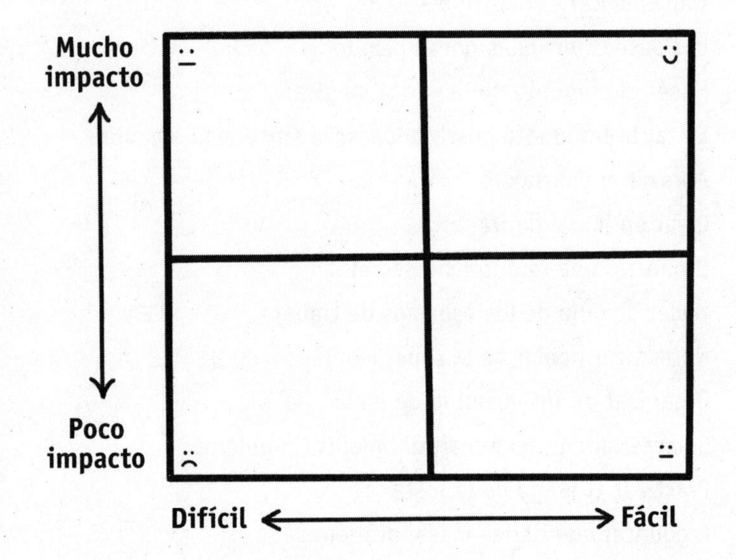

3. Como grupo, usad la sabiduría colectiva para situar cada acción en la cuadrícula anterior. El objetivo es identificar dos o tres acciones que correspondan al cuadrante superior derecho: que tengan mucho impacto y sean fáciles de llevar a cabo. (Diez minutos).

4. Ahora que habéis escogido vuestras dos o tres acciones, indicad los pasos específicos que debéis seguir para ponerlas en práctica. ¿Qué haréis mañana? ¿Qué herramientas o

materiales necesitáis? ¿A quién deberíais incluir en la conversación? (Diez minutos).

Acción n.º 1 ____________________

Pasos

____

____

____

____

____

Acción n.º 2 ____________________

Pasos

____

____

____

____

____

____

Acción n.º 3 ______________________

Pasos

____

____

____

____

____

TERCERA PARTE

Establecer un propósito

«Encontrar el norte verdadero»

Crear una mentalidad de equipo de éxito es como embarcarse en una expedición por la selva. Necesitas trabajar en equipo. Necesitas resistencia. Pero, sobre todo, necesitas claridad. Necesitas una forma fiable de ayudar a tu grupo a atravesar la maraña desconcertante y desorientadora de la vida cotidiana, y encontrar el norte verdadero. Ahí es donde entra en juego el propósito.

La mayoría de la gente, cuando piensa en el propósito, se imagina declaraciones solemnes formuladas desde lo más alto. En realidad, crear la sensación de propósito es una tarea más amplia, más colaborativa y más orgánica. No se trata de tallar en granito una declaración de intenciones única e inmutable, sino más bien de crear una serie de focos brillantes que iluminen tu camino hacia delante. Los focos consisten en un conjunto rico y en constante evolución de imágenes, eslóganes, comportamientos, historias y artilugios que ayudan a tu personal a saber dónde está, hacia dónde va y por qué es importante. En consecuencia, las acciones que se toman pueden adoptar muchas formas, pero todas implican el mismo proceso: reflexionar juntos continuamente sobre lo que más importa, y después traducir ese significado en señales que sean visibles y tangibles, y que se puedan sentir.

Mientras creas la sensación de propósito de tu equipo, debes tener algo en cuenta: la importancia general de construir tu propósito sobre una base de optimismo y esperanza. Los equipos con conciencia de grupo siempre avanzan hacia una visión positiva, nunca huyen de una negativa. «El optimismo es un principio básico del buen liderazgo —dijo en cierta ocasión Bob Iger, director ejecutivo de Disney, a un entrevistador—. La gente no quiere seguir a un pesimista».

CATALIZADORES DEL DIÁLOGO

Hablemos del propósito

El propósito no se encuentra en una sola frase, sino en todo el calidoscopio de historias, mantras, símbolos, refranes, comportamientos e imágenes que forman parte de tu grupo y os guían sin cesar hacia vuestros objetivos más elevados.

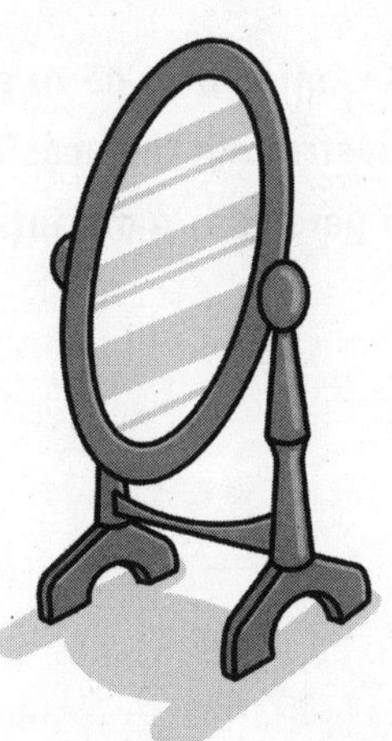

Imagina que alguien llegara desde Marte para observar a tu equipo. ¿Cómo sabría qué os importa más? ¿Cómo detectaría cuáles son vuestras prioridades?

____

____

Si les pidieras a los miembros de tu equipo que dijeran cuál es vuestro objetivo más importante, ¿sus respuestas serían parecidas o distintas? ¿Por qué?

¿Cuál es la historia que capta la esencia de tu equipo en su mejor momento?

¿Qué pasaría en tu equipo si los jefes no os dejaseis ver durante una semana? ¿Cuál sería el mejor de los casos? ¿Y el peor?

Consejo n.º 49

Adopta eslóganes cursis

Tal vez creas que los equipos con mentalidad fuerte no utilizan eslóganes cursis. Tal vez creas que su propósito es tan inquebrantable y cristalino para ellos que no necesitan eslóganes cursis.

Pues, de hecho, es todo lo contrario. Desde los Navy SEALs («El único día fácil fue ayer», «Los profesionales silenciosos»), hasta Zappos («Crea diversión y un poco de frikismo», «Acepta e impulsa el cambio»), pasando por las escuelas KIPP («Cueste lo que cueste», «Todo para cada estudiante»), los equipos con mentalidad fuerte emplean eslóganes cursis hasta la saciedad: los escriben en las paredes, los anotan en sus guías, los repiten en discursos, y resuenan tanto en el ambiente que, a veces, hasta agobian a los visitantes.

El motivo es que los eslóganes no son solo eso; son señales que orientan la atención y la energía, y que conectan el momento presente con una sensación de dirección y significado compartidos. Señalan: «Trabajamos por esto. Aquí es donde deberías centrar tu energía». A diferencia de las declaraciones de intenciones, que son genéricas y difíciles de recordar, los eslóganes eficaces tienen unas cuantas cualidades básicas:

- Son cortos y frescos.
- Destacan una acción o un atributo clave.
- Se recuerdan y se comparten con facilidad.

Cuando creas eslóganes, el objetivo no es ser ingenioso, sino claro y natural. Empieza por averiguar los eslóganes ya existentes y amplifícalos. Si quieres saber cómo crearlos, consulta el siguiente consejo.

Consejo n.º 50

Crea un mapa de mantras

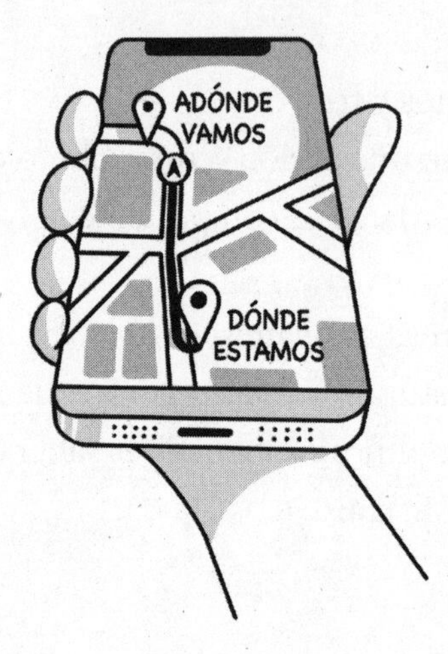

En 1985, Danny Meyer abrió su primer restaurante, y fue un éxito. Unos años después abrió el segundo, y a los pocos meses ambos restaurantes empezaron a decaer. ¿Por qué? Porque Danny Meyer encarnaba la mentalidad de equipo y no podía estar en dos sitios a la vez. Cuando Meyer estaba presente, el equipo podía percibir lo que importaba, lo que no y cómo comportarse. Cuando Meyer no estaba presente, la conciencia de equipo se iba evaporando. Cuando Meyer se enteró de que uno de sus camareros había insultado a un cliente, supo que había que actuar. Tenía que sacar a la luz sus valores y conseguir que fueran totalmente explícitos.

Empezó a crear un conjunto de frases sencillas que plasmaban los beneficios que quería conseguir, así como los comportamientos que quería fomentar. Hizo algo parecido a esto:

LOGRAR CRÍTICAS ENTUSIASTAS

Analizar al cliente
Hospitalidad atlética
Escribir un gran capítulo final
Crear un ambiente hogareño
Adorar los problemas
Encontrar el sí
Estar atento a los detalles y sacar conclusiones
Cada persona es un mundo
Pensar siempre lo mejor
Salir del paso con tu generosidad
Ser consciente de tu estela emocional
Para recibir un abrazo, hay que dar un abrazo
El reflejo de la excelencia
¿Promueves o entorpeces?

Fíjate en el encabezamiento: Meyer empieza definiendo el norte verdadero como «Lograr críticas entusiastas», tres palabras muy elocuentes que van más allá de decir «servir comida buenísima» o «tener éxito». Después establece los comportamientos clave (encontrar el sí, bienvenidos los problemas, hospitalidad atlética), las acciones que llevan al equipo hacia su objetivo. El resultado es el equivalente a un mapa socioemocional: «Este es el objetivo y así es como se llega a él». Meyer empezó a enseñar el mapa y a utilizarlo para evaluar a los aspirantes a trabajar con él, para formar al personal y para definir y destacar el conjunto de habilidades y reflejos que necesitaba en su equipo.

Lo que él hizo lo puede hacer cualquier equipo. He aquí cómo:

- Reúnete. Si el equipo es grande, divídelo en mesas de seis a ocho personas. Comparte la historia de Meyer y el mapa del mantra con todo el grupo.
- Pide a cada mesa que genere la versión del mapa de Meyer para tu mentalidad de equipo. ¿Cuál es el norte verdadero de tu equipo? ¿Qué frases recogen los comportamientos clave que os ayudarán a alcanzarlo? ¿A qué problemas os enfrentáis una y otra vez, y cuál es la respuesta ideal de las personas a esos problemas? ¿Qué comportamientos no deberían darse nunca? Anima a la gente a crear tantos mantras como sea posible, cuanto más cursis mejor.
- Pide a cada mesa que comparta sus mapas con el resto del grupo y plasmad los resultados en una pizarra o en un tablero. Comparte los resultados y haz preguntas de modo que se inicie una conversación. ¿Qué nos falta? ¿Es esto lo que realmente somos? Habla con frecuencia con tu equipo para explicar lo que significan los mantras y explora diferentes formas de incorporarlos a tu trabajo. Los mapas de mantras no están pensados para ser eternos; son una herramienta de concienciación, y cambian con el tiempo. A día de hoy, Meyer sigue escribiendo mantras para abordar nuevos retos y oportunidades. Verás que ocurre lo mismo con tu equipo.

Consejo n.º 51

Realiza un taller de Mejor momento/Barrera

Este es uno de mis ejercicios favoritos, porque genera claridad y energía a través de dos sencillas preguntas: ¿Qué imagen proyecta nuestro equipo cuando estamos en nuestro mejor momento?¿Qué nos impide alcanzarlo todos los días? (Y sí, puede que reconozcas esta pregunta de «Elabora tu plan de acción» de la página 23). Se tarda aproximadamente una hora.

1. Divide al equipo en mesas de seis a ocho personas (máximo cinco mesas) y pide a cada mesa que dedique diez minutos a debatir la pregunta 1: ¿Qué imagen proyectamos cuando estamos en nuestro mejor momento? Describe los casos concretos en los que tu equipo ha funcionado a su máximo nivel: los comportamientos, la comunicación, las pautas de interacción.

2. Pide a cada mesa que comparta sus respuestas con el resto plasmando el resultado en una pizarra o en un tablero. (Veinte minutos).
3. Ahora pide a cada mesa que dedique diez minutos a explorar la pregunta 2: ¿Qué nos impide alcanzarlo todos los días? Nombra las barreras que impiden que vuestra mentalidad de equipo funcione a su máximo nivel; cuanto más específicas sean, mejor.
4. Pide a cada mesa que comparta sus respuestas con el resto (veinte minutos). El objetivo no es juzgar, sino iniciar una conversación continua sobre los retos y las oportunidades del entorno que todos compartís.

Consejo n.º 52

Comienza cada reunión vinculando el propósito de tu grupo

Las reuniones son el lugar donde el propósito muere. Por eso es conveniente reservar un instante al principio de cada reunión para destacar rápidamente el objetivo del trabajo en su sentido más amplio, el «gran porqué». No hace falta mucho: un par de frases concisas que conecten los acontecimientos de ese día con el propósito más amplio de tu equipo. En Ochsner Health, una cadena de hospitales, lo hacen contando la historia de un paciente al principio de cada reunión. Algunas son historias de éxito, otras ilustran los retos. Todas ellas destacan la relación entre el personal de Ochsner Health y la vida de sus pacientes, y por tanto orientan la reunión hacia lo que realmente importa.

«Conecta los papeles individuales
con los objetivos de la organización.
Cuando las personas ven dicha conexión,
obtienen mucha energía del trabajo.
Sienten la importancia, la dignidad
y el significado de su trabajo».

KIM BLANCHARD

Consejo n.º 53

Crea el hábito de una reflexión posterior a la reunión

El teletrabajo puede producir la sensación de estar nadando en un océano interminable de conversaciones idénticas. Por eso es vital dedicar unos minutos después de cada reunión a parar, rebobinar y reflexionar sobre lo que acaba de ocurrir. Piensa como un detective. ¿Quién ha estado más callado o efusivo de la cuenta? ¿Qué temas han generado una mayor energía en el equipo? ¿Hacia dónde podría dirigirse la conversación? Anota tus observaciones y revísalas de vez en cuando. El objetivo no es llegar a obtener respuestas definitivas, sino utilizar las preguntas como una linterna para poder ver más profundamente.

Consejo n.º 54

Comparte una nota de impacto a la semana

Una de las herramientas más poderosas que puede utilizar cualquier equipo para fortalecer su mentalidad es la de destacar la grandeza. Y una forma de destacar la grandeza es a través de una nota de impacto a la semana. Consta de dos pasos:

1. Detecta ejemplos concretos del impacto positivo de tu equipo en los clientes, los consumidores y la comunidad, los beneficios que aporta al mundo.
2. Comparte las historias con tu equipo de forma regular.

Descubrí una clínica de Maryland que solicita la opinión de los pacientes después de las visitas. Manejan las opiniones negativas (más o menos una de cada diez respuestas) a través de canales de recuperación de servicios. Los comentarios positivos se comparten con el grupo, y al final se incluye un párrafo de agradecimiento del responsable de la clínica. Las notas son sencillas y específicas: «Gracias por la amabilidad y la cordialidad», «Aprecio la profesionalidad y la atención de primerísima calidad de Ashley», «El doctor Dunleavy fue muy competente y atento». Y por eso funcionan, porque orientan al equipo hacia los comportamientos más eficaces.

Este tipo de herramientas basadas en la anécdota tienden a ser infravaloradas porque carecen del impacto satisfactorio de las cifras. Pero ahí está la clave. Su calidad intangible es lo que les da sentido, emoción e identidad. Pensamos y sentimos con historias, no con números. Y ahora que sale el tema…

Consejo n.º 55

Trata las historias como un recurso valioso

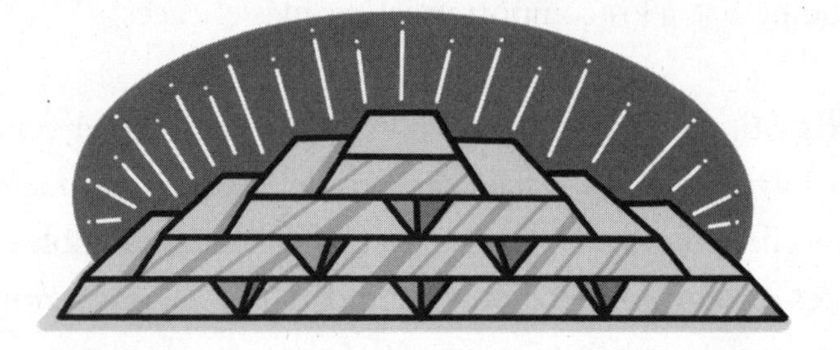

Las historias son la fuerza más poderosa del planeta. Iluminan nuestro cerebro (asignan valores, prenden las emociones, proporcionan modelos de comportamiento) y se nos quedan grabadas en la memoria con una intensidad veintidós veces superior a la de la mera información, según Jennifer Aaker, de la Stanford Business School. Por eso, los equipos con una mentalidad fuerte intentan fomentar y mantener una red rica en historias que capten e ilustren sus valores, habilidades y puntos fuertes, e incluso sus debilidades.

Por ejemplo, he conocido a varios líderes a los que les gusta contar un tipo de historia particular que podría titularse «Cuentos de mis errores de juventud». Un exitoso director deportivo de un equipo de béisbol de primera división acostumbra a contar a los nuevos fichajes uno que dice algo así: «Cuando empecé aquí, dirigí un proyecto que analizaba las bases del papel del receptor. Trabajé durante meses reuniendo montones de datos increíbles y agrupándolos. Creía que lo tenía todo resuelto, hasta que bajé al banquillo y pasé un cuarto de hora hablando con nuestro receptor de la liga de primera división. En ese momento me di cuenta: ¡Me faltaban muchas cosas! Había un sinfín de matices sobre el papel del receptor, un millón de decisiones minúsculas y de detalles que no comprendía y que tenía que aprender de las personas que se lo curraban en el campo. —El director deportivo sonríe de oreja a oreja—. ¡Estaba equivocadísimo! ¡No había dado ni una!».

La historia, y la sonrisa, transmiten un mensaje claro: «Los datos son valiosos solo si entiendes dónde y cómo aplicarlos». También envían una señal afectuosa: «He cometido errores, y tú también los cometerás, y no pasa nada».

Piensa en las historias de tu equipo como si se tratara de su memoria cultural colectiva, algo así como un álbum de fotos compartido al que se recurre cuando se quiere potenciar la conexión y la claridad. Aquí tienes algunas ideas sobre cómo hacerlo.

- *Elige historias que se ajusten a las necesidades del equipo:* Hay una historia para cada situación. Además de las historias sobre los errores de juventud, puedes usar muchas otras, como las siguientes.
  - Si tu equipo tiene problemas de motivación, prueba a usar **historias de impacto**, aquellas que conectan tu trabajo con los beneficios que le ofrece al mundo. Por ejemplo, una vez vi a un fabricante de tornillos contar una historia sobre cómo, gracias a su producto, la hélice de un helicóptero no se había desprendido del aparato durante un accidente, salvando así la vida de la piloto. Y el puntazo fue que

el equipo se tomó incluso la molestia de invitar a la piloto a una conferencia y hacerla subir al escenario. Los espectadores acabaron con los ojos llenos de lágrimas porque recibieron una señal clara: «Nuestro producto salva vidas».

- Si tu grupo necesita volver a conectar con sus raíces, prueba con las **historias de crisis**, aquellas que plasman los momentos definitorios en los que se forjó la mentalidad de tu equipo. Los líderes de Pixar cuentan a menudo la historia de la experiencia cercana a la muerte y la resurrección que se produjo cuando la empresa decidió descartar una versión completa, pero mediocre, de *Toy Story* y volver a rodar toda la película en un tiempo récord para su estreno en cines. La historia sirve de vívido recordatorio de lo que significa poner el listón alto (como dice el mantra de Pixar, «El trabajo de baja calidad es malo para el alma») y ayuda a evitar la autocomplacencia.
- Si tu equipo está desconectado o está perdiendo el contacto con sus valores, considera las **historias de virtud**, aquellas que recogen los casos en los que la gente se arriesga y se sacrifica para hacer lo correcto. Por ejemplo, he oído a muchos equipos contar historias conmovedoras sobre cómo los miembros se cuidaron unos a otros y a la familia tras una enfermedad inesperada.
- Si a tu grupo le cuesta solucionar problemas difíciles, quizá te convenga recurrir a las **historias de innovación**, ya que resaltan el pensamiento fuera de lo común y abren nuevos canales de exploración.

A un oficial de los Navy SEALs que conozco le gusta contar una historia sobre cómo su equipo, incapaz de pasar desapercibido por las abarrotadas calles paquistaníes, tuvo la idea de esconderse en un camión jinga (un autobús muy colorido y decorado con cuentas que bien podrías ver en el festival Burning Man) para llegar hasta su objetivo. Es una historia inolvidable —sobre todo cuando te imaginas a un equipo de los Navy SEALs bien pertrechados y encerrados en una furgoneta psicodélica— y pone de relieve una noción revitalizante: «La idea brillante puede estar delante de tus narices».

- *Celebra reuniones de CCQH*, las siglas de Cosas Chulas Que Hacemos: se trata de una reunión periódica cuyo objetivo es compartir historias de eventos revitalizantes que se producen en toda la organización. Programar una hora al mes para contar y escuchar historias sobre lo mejor de ti puede ser una de las mejores inversiones que haga tu grupo.

> «El liderazgo es un fenómeno grupal».
>
> ROBERT GINNETT

Consejo n.º 56

Haz una captura del equipo

Los equipos con mentalidad fuerte hacen capturas de equipo por el mismo motivo que tú te sometes a una revisión médica anual. Es un análisis general que te da una idea de tu situación y te ayuda a detectar cualquier problema incipiente. He aquí cómo hacerlo:

1. Pasa una encuesta a todos los miembros de tu equipo con las siguientes preguntas (utiliza una herramienta de encuestas, como SurveyMonkey, que te permita mantener el anonimato de las respuestas):
    - Además de tener éxito, ¿qué queremos conseguir como organización?

- ¿Cuál es tu principal razón para trabajar aquí?
- Describe nuestra mentalidad de equipo en tres palabras.
- ¿Qué característica es tan nuestra y fundamental para nuestra cultura de equipo que nunca deberíamos cambiarla?
- ¿En qué nos diferenciamos de la competencia? ¿Qué nos distingue?
- ¿Cuáles son los elementos no negociables en nuestra mentalidad de equipo? ¿Qué es lo que no toleraremos?
- Comparte brevemente una historia sobre algo que haya sucedido en esta organización que no podría suceder en ningún otro lugar.
- Nombra una cosa que cambiarías de nuestra cultura de equipo.
- ¿Qué gran problema no se ha tratado en esta encuesta, uno que sea importante para entender nuestra mentalidad de equipo y hacia dónde nos dirigimos?

2. Crea una hoja de cálculo en la que los valores fundamentales de tu equipo aparezcan en la parte superior. Después recoge las respuestas de la encuesta y agrúpalas bajo el valor central con el que más encajen, ya sea para apoyarlo o para desafiarlo.
3. Comparte el documento resultante con el equipo, con un resumen de las conclusiones que se derivan. Pregunta: ¿En qué somos fuertes? ¿En qué somos débiles? ¿Qué tensiones hay que aprovechar? ¿Qué deberíamos pensar en cambiar?

El objetivo es crear una conversación continua sobre el grado de cumplimiento de los valores por parte del equipo. Al hacerlo, no temas desafiar la mentalidad existente para que cambie. De hecho, muchos de los directivos que he conocido lo hacían de forma instintiva al promover lo que podría llamarse una «insatisfacción productiva». Se mostraban un poco suspicaces ante el éxito y no tenían miedo de plantear preguntas difíciles como «¿Seguimos creyendo en esto?» o «¿Es esto lo que realmente somos?». Al plantear esas preguntas, y transmitir la sensación de seguridad necesaria para que los demás las planteen, evitas la complacencia y creas espacio para el crecimiento.

Consejo n.º 57

Utiliza artilugios

Cuando entras en un equipo con una mentalidad fuerte, percibes al instante su propósito. Por ejemplo, cuando entras en la sede de los Navy SEALs en Dam Neck, en Virginia, pasas por delante de una viga retorcida del World Trade Center y ante tantos monumentos erigidos en honor a los Navy SEALs caídos que parece un museo militar. Del mismo modo, entrar en la sede de Pixar es como entrar en una de sus películas: desde los Woody y Buzz de tamaño real hechos con Lego hasta la lámpara Luxo de seis metros de altura de la entrada, todo brilla con la magia de Pixar. En los San Antonio Spurs, hogar del mantra «Golpea la piedra», lo primero que ves al entrar es —lo has adivinado— una gran roca y un martillo.

Tu equipo no necesita una historia ilustre para conseguir algo parecido. Basta con que intentes representar el beneficio que aportas al mundo: puede ser exponiendo a gran tamaño correos electrónicos de clientes satisfechos, dándole el nombre de quien os inspira a una sala de conferencias o recuperando una pieza de vuestra historia y exponiéndola en una vitrina. La cuestión es llenar el espacio físico con vívidos recordatorios de vuestro propósito: destacar lo que importa para que lo perciba todo el mundo.

> «Cuidado con los grandes líderes.
> Mejor que haya muchos, muchísimos,
> líderes pequeños».
>
> PETE SEEGER

Consejo n.º 58

Juega a los nueve porqués

Tal vez ninguna fuerza erosione más el propósito de un equipo que el interminable ajetreo de la vida moderna, ese río caudaloso de pequeñas tareas urgentes que se traga nuestro tiempo y nuestra atención. ¿Cómo saber qué es importante de verdad cuando todo lo parece?

Por eso me gusta el juego de los nueve porqués, ideado por Henri Lipmanowicz y Keith McCandless, porque da al equipo la oportunidad de parar y crear un sentido más claro de lo que importa y lo que no. Dura aproximadamente una hora, y consiste en lo siguiente:

1. Elige una gran tarea o un proyecto en el que tu equipo trabaje de forma conjunta.
2. Pide al equipo que enumere todas las actividades que hacen para llevar a cabo esa tarea o proyecto.
3. Repasa las actividades una a una. Pregunta: ¿Qué impacto tiene esto? ¿Por qué es importante para nosotros? ¿Por qué nos interesa? Sigue profundizando (puede que

eso implique cinco, seis o incluso nueve porqués) hasta que estés de acuerdo en que has llegado al propósito fundamental de cada actividad y, por tanto, del trabajo.

4. Mira al futuro. Pregunta: ¿Cómo influye nuestro propósito en los próximos pasos que demos juntos?

Tal vez descubras que, de hecho, algunas de tus actividades no contribuyen al propósito, o tal vez descubras que algunas contribuyen a lo grande. El objetivo es salir con una percepción más clara de dónde centrar vuestra energía.

Consejo n.º 59

Crea un libro de mentalidad de grupo o un conjunto de diapositivas

Establecer un propósito consiste fundamentalmente en crear un significado, y no hay mejor manera de hacerlo que mediante una representación del propósito de tu equipo que se pueda compartir y usar tanto para orientar a los nuevos miembros como para reorientar a todos los demás hacia el significado de vuestro trabajo. La buena noticia es que hay un montón de modelos útiles que puedes seguir.* Se dividen en varias categorías básicas:

* Si quieres una colección de diapositivas de alta calidad de mentalidades de equipo, busca en Bretton Putter, «The very best Company culture decks on the web», *Medium*, 5 de junio de 2018, https://medium.com/swlh/the-very-best-company-culture-decks-on-the-web-5a3de60c0bb9.

- **EL MANUAL DE MANTRAS:** Plasma vuestros valores, mentalidad y comportamientos principales en forma de mantras sencillos y sonoros. Procura que el número total sea inferior a seis, para que la gente pueda recordarlos. Un buen ejemplo es *The Little Book of IDEO*, un manual que consiste en varias reflexiones de los líderes del equipo, seguidas de un breve capítulo sobre cada uno de sus lemas principales («Habla menos, haz más», «Acepta la ambigüedad», «Asume la responsabilidad», «Haz que los demás tengan éxito»), donde se explica lo que significa cada mantra y la mejor manera de alcanzarlo.
- **EL ANUARIO:** Este método consiste en llenar un libro con vibrantes imágenes de tu personal en el momento en que ponen en práctica vuestros valores. Este enfoque funciona bien con equipos grandes y con mucha energía. Zappos es un buen ejemplo.
- **LA BIOGRAFÍA:** Aquí adoptas un enfoque histórico, ya que recurres a la historia de la fundación de tu equipo para ilustrar y apoyar vuestra identidad y vuestros valores fundamentales. Se trata de una herramienta útil para equipos cuya identidad está arraigada en un trasfondo único.

Por supuesto, no es necesario que elijas solo una categoría. Muchos equipos optan por contar sus historias de varias formas (diapositivas, vídeos, libros), dado que cada una es adecuada para un público y un momento concretos. No pienses que tu equipo, y su mentalidad, tiene una única historia. Más bien piensa que tiene una colección de historias en constante crecimiento, y que cada una se dirige a tus destinatarios clave de forma distinta. Y ten siempre en cuenta que incluso las historias más estimulantes se quedan obsoletas con el tiempo, así que debes estar dispuesto a revisarlas, a actualizarlas y a mejorarlas continuamente.

> «Lo único importante de verdad que los líderes crean y gestionan es la cultura de equipo. Si tú no gestionas esa mentalidad, ella te gestiona a ti».
>
> EDGAR SCHEIN

Consejo n.º 60

Crea un modelo de excelencia

Las habilidades de tu equipo son uno de sus activos más valiosos. La cuestión es cómo cultivar y fomentar esas habilidades, sobre todo en un entorno en el que muchos de tus empleados quizá teletrabajan.

Una opción es definir un modelo de excelencia: un documento creado conjuntamente que defina y describa las habilidades clave necesarias para tener éxito en la organización. Un modelo de excelencia funciona como un plano: proporciona una imagen detallada de lo que importa de verdad y, como patrón, sirve de guía para el aprendizaje y el desarrollo. Aquí tienes cómo hacer el tuyo:

1. Reúne a un grupo transversal de personas de cada puesto y pregúntales lo siguiente:
   - Nombra y describe las habilidades y los puntos fuertes clave que distinguen a los mejores en tu puesto respecto a los demás.
   - ¿Quién ha sido el mejor compañero con el que has trabajado? Cuenta una historia sobre lo que lo hizo especial.
   - ¿Qué aspectos de este trabajo no son negociables? ¿Qué te resulta imprescindible para realizarlo adecuadamente?
   - ¿Cuál es el consejo más útil que podrías dar a tu yo más joven para tener éxito en este trabajo?
   - ¿Qué aspectos de este trabajo no ven con claridad las personas ajenas a él? ¿Qué es lo que más se malinterpreta?

2. Detecta y define las habilidades clave (no más de diez) y anótalas en la parte superior de una hoja de cálculo. Si es necesario, divídelas en dominios, como «Yo», «Otros» y «Organización». A continuación, rellena las columnas con descripciones detalladas de dichas habilidades en acción, usando la información recogida en las entrevistas.
3. Comparte el modelo e inicia una conversación basada en las siguientes preguntas: ¿Qué se nos escapa? ¿Qué te sorprende de este modelo? ¿Cómo podemos utilizarlo

para definir con más claridad las habilidades clave que necesitamos?

No te preocupes si no es perfecto; este modelo no es inamovible. Lo importante es fomentar una conversación continua sobre cómo veis la grandeza. Si el tuyo es como la mayoría de los equipos, descubrirás que las conversaciones que surgen acaban siendo la recompensa en sí.

Elabora tu plan de acción:

PASO CUATRO

FORTALECER NUESTRO PROPÓSITO

Fortalecer nuestro propósito significa pensar como un diseñador: ¿Cómo podemos optimizar el entorno, el lenguaje, los rituales y las estructuras del equipo para canalizar la energía y la atención hacia lo que realmente importa?

Actividad individual n.º 1

CAPTURAR TU HISTORIA

Las historias son la droga más potente que se ha inventado. Asignan valor, iluminan todo el cerebro y extraen la esencia de un equipo para convertirla en un regalo memorable.

TE TOCA

Escribe, de forma sencilla y breve, tres historias que muestren a tu equipo en su mejor momento. Si te sirve de ayuda, sigue la estructura de problema/superación/beneficio que aparece a continuación.

Historia n.º 1

Un día nos encontramos (DESCRIBE EL PROBLEMA)

Todo cambió cuando (DESCRIBE LA SUPERACIÓN)

Como resultado, creamos (DESCRIBE EL BENEFICIO)

____

____

____

____

Historia n.º 2

Un día nos encontramos (DESCRIBE EL PROBLEMA)

____

____

____

____

____

____

____

Todo cambió cuando (DESCRIBE LA SUPERACIÓN)

Como resultado, creamos (DESCRIBE EL BENEFICIO)

TE TOCA

Historia n.º 3

Un día nos encontramos (DESCRIBE EL PROBLEMA)

Todo cambió cuando (DESCRIBE LA SUPERACIÓN)

Como resultado, creamos (DESCRIBE EL BENEFICIO)

Actividad individual n.º 2

PREGUNTAS PARA REFLEXIONAR

¿De qué manera puedes conseguir que el propósito de tu equipo sea más visible, tanto en el mundo real como en el virtual?

Escribe varios acontecimientos y experiencias que hayan tenido un impacto positivo en la sensación de propósito de tu equipo en los últimos años. ¿A qué motivo atribuyes dicho impacto?

TE TOCA

¿Con qué frecuencia tu equipo dedica tiempo a detenerse y reflexionar en grupo sobre el punto en el que os encontráis y la meta a la que os dirigís? ¿De qué manera puedes incrementar ese tiempo?

Actividad de grupo

Este ejercicio de treinta y cinco minutos de duración está diseñado para grupos de entre cuatro y ocho personas. Si los equipos son más grandes, tendrás que dividirlos y después compartir los resultados entre todos.

Materiales: notas adhesivas, un rotulador y una pizarra blanca (o los equivalentes digitales).

Pídele a cada miembro del grupo que escoja dos acciones que le gustaría llevar a cabo de la lista que aparece abajo. Escribe el título de cada una en una nota adhesiva y pégala en la pizarra. (Cinco minutos).

LAS ACCIONES

Adoptar eslóganes cursis
Crear un mapa de mantras
Realizar un taller de mejor momento/barrera
Comenzar cada reunión vinculando el propósito de tu grupo
Crear el hábito de una reflexión posterior a la reunión
Compartir una nota de impacto a la semana
Tratar las historias como un recurso valioso
Hacer una captura del equipo
Utilizar artilugios
Jugar a los nueve porqués
Crear un libro de mentalidad o un conjunto de diapositivas
Crear un modelo de excelencia

O crea una lista propia:

1. ______________________________
2. ______________________________
3. ______________________________

1. Pídele a cada miembro del grupo que explique qué lo ha llevado a decidirse por esas acciones y qué impacto pueden tener. (Diez minutos).

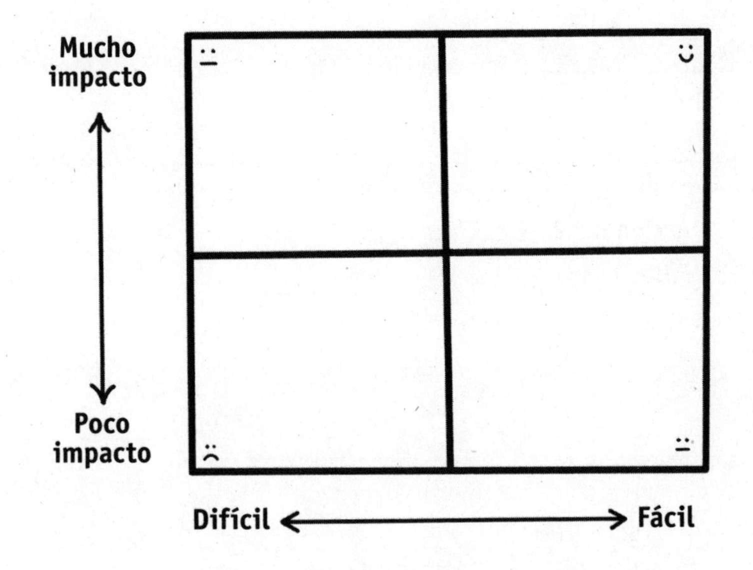

2. Como grupo, usad la sabiduría colectiva para situar cada acción en la cuadrícula anterior. El objetivo es identificar dos o tres acciones que correspondan al cuadrante superior derecho: que tengan mucho impacto y sean fáciles de llevar a cabo. (Diez minutos).

3. Ahora que habéis escogido vuestras dos o tres acciones, desarrollad los pasos específicos que debéis seguir para ponerlas en práctica. ¿Qué haréis mañana? ¿Qué herramientas o materiales necesitáis? ¿A quién deberíais incluir en la conversación? (Diez minutos).

Acción n.º 1 ______________________

Pasos

____

____

Acción n.º 2 ____________________

Pasos

Acción n.º 3 ____________________

Pasos

PARA SEGUIR AVANZANDO

Al igual que cualquier otra entidad viva, la mentalidad de grupo de tu equipo no es fija; está en continua evolución y cambio. Para mantener su fuerza, es necesario observar su progreso y no perder de vista las fuerzas que configuran su paisaje. Y recuerda: no todas las acciones que emprendas para crear conciencia de equipo tendrán éxito de inmediato.

Visualízalas como una serie de experimentos mediante los cuales aprenderás cosas sobre tu equipo y, lo que es igual de importante, sobre ti mismo.

Observa tu progreso

¿Qué acciones has llevado a cabo para generar mentalidad de grupo en tu equipo? (Enuméralas aquí)

____

____

____

____

____

¿Cuáles te han emocionado más?

Acción n.º 1:

Acción n.º 2:

Acción n.º 3:

¿Funcionó la acción n.º 1? ¿Por qué o por qué no?

TE TOCA

Si pudieras repetir la acción n.º 1, ¿qué enfatizaríais tu equipo y tú? ¿Qué podríais hacer de otra manera?

¿De qué manera has crecido como líder gracias a esta acción? ¿De qué manera ha crecido tu equipo?

¿Funcionó la acción n.º 2? ¿Por qué o por qué no?

Si pudieras repetir la acción n.º 2, ¿qué enfatizaríais tu equipo y tú? ¿Qué podríais hacer de otra manera?

TE TOCA

¿De qué manera has crecido como líder gracias a esta acción? ¿De qué manera ha crecido tu equipo?

¿Funcionó la acción n.º 3? ¿Por qué o por qué no?

Si pudieras repetir la acción n.º 3, ¿qué enfatizaríais tu equipo y tú? ¿Qué podríais hacer de otra manera?

¿De qué manera has crecido como líder gracias a esta acción? ¿De qué manera ha crecido tu equipo?

TE TOCA

TE TOCA

Un vistazo al futuro

EXPERIMENTO DE REFLEXIÓN N.º 1: Imagina que ha pasado un año y que la mentalidad de tu equipo ha mejorado de forma significativa. ¿Qué ha ocasionado esa mejora?

EXPERIMENTO DE REFLEXIÓN N.º 2: Ahora imagina que ha pasado un año y que la mentalidad de tu equipo ha empeorado de forma significativa. ¿Qué ha ocasionado dicho empeoramiento?

Reflexiona sobre el entorno en el que se mueve tu equipo y en el que se moverá, digamos que dentro de cinco años. Enumera tres o cuatro causas mayores que afectarán a la capacidad de tu equipo para lograr el éxito (por ejemplo, la velocidad de los cambios, las cambiantes preferencias de los clientes, el aumento de competidores).

TE TOCA

Ahora cita las habilidades de grupo que necesitáis para triunfar en ese entorno futuro. Por ejemplo: ¿Nuestro equipo necesita ser bueno en innovación? ¿En ejecución? ¿En fidelización del cliente? Enumera tres o cuatro.

____

____

____

____

Basándote en lo anterior, enumera los valores fundamentales que sustentarán el conjunto de habilidades que has descrito. Tal vez te resulte útil usar la estructura: «Si _____, debemos _____». Un ejemplo: «Si queremos ser innovadores, debemos valorar la colaboración», «Si queremos fidelizar al cliente, debemos valorar las relaciones».

____

____

____

Escribe una breve declaración de intenciones para tu futuro equipo: un par de frases que plasmen el impacto que quieres tener en el mundo y cómo vas a lograrlo. No te preocupes si no es perfecta. Lo que queremos es que escribas en un papel algo que puedas compartir y desarrollar con tu equipo.

Gracias por leer y comprometerte. Ten presente que la mentalidad de tu equipo, como la de todos los equipos, es un trabajo en construcción. A medida que avancéis, usa las páginas que siguen para generar ideas, para reflexionar sobre las posibilidades y para crear conversaciones.

Notas e ideas

Agradecimientos

Mi reconocimiento a la amplia comunidad de directivos, profesores, entrenadores, científicos y amigos que han compartido tan generosamente su tiempo y su experiencia conmigo. Gracias a mi brillante editor, Andy Ward, y al resto del equipo de Bantam/Penguin Random House, incluidos Kaeli Subberwal, Chayenne Skeete, Kim Hovey, Elisabeth Magnus, Debbie Aroff, Morgan Hoit, Sarah Breivogel, Richard Elman, Barbara Bachman, Ruby Levesque y Robert Siek. Me gustaría dar las gracias a mi magnífico agente, David Black, así como a Susan Raihofer, Rachel Ludwig, Anagha Putrevu y Ayla Zuraw-Friedland. Gracias a los miembros de los Cleveland Guardians por su cordialidad, inteligencia y generosidad, y gracias a mis colegas Paul Cox y Doug Vahey. Me gustaría darles las gracias también a mis hermanos, Maurice y Jon Coyle, y a mi sobrina Rosie Coyle, por su ayuda. También quiero darles las gracias a mis hijos, Aidan, Katie, Lia y Zoe, por sus ideas y por su inspiración; y por lo maravilloso que ha sido que Zoe participara en las lluvias de ideas para crear las ilustraciones del libro. Y, sobre todo, gracias a mi mujer, Jenny, cuyo amor, sabiduría y apoyo hacen posible que ocurran todas las cosas buenas.